Cédric-shékipayah Matuat

Initiation rapide à l'internet

Cédric-shékipayah Matuatambula Kua-Nzambi

Initiation rapide à l'internet

Internet à la Porter de tous c'est un atout!

Éditions universitaires européennes

Mentions légales / Imprint (applicable pour l'Allemagne seulement / only for Germany)
Information bibliographique publiée par la Deutsche Nationalbibliothek: La Deutsche Nationalbibliothek inscrit cette publication à la Deutsche Nationalbibliografie; des données bibliographiques détaillées sont disponibles sur internet à l'adresse http://dnb.d-nb.de.
Toutes marques et noms de produits mentionnés dans ce livre demeurent sous la protection des marques, des marques déposées et des brevets, et sont des marques ou des marques déposées de leurs détenteurs respectifs. L'utilisation des marques, noms de produits, noms communs, noms commerciaux, descriptions de produits, etc, même sans qu'ils soient mentionnés de façon particulière dans ce livre ne signifie en aucune façon que ces noms peuvent être utilisés sans restriction à l'égard de la législation pour la protection des marques et des marques déposées et pourraient donc être utilisés par quiconque.

Photo de la couverture: www.ingimage.com

Editeur: Éditions universitaires européennes est une marque déposée de
Südwestdeutscher Verlag für Hochschulschriften GmbH & Co. KG
Dudweiler Landstr. 99, 66123 Sarrebruck, Allemagne
Téléphone +49 681 37 20 271-1, Fax +49 681 37 20 271-0
Email: info@editions-ue.com

Produit en Allemagne:
Schaltungsdienst Lange o.H.G., Berlin
Books on Demand GmbH, Norderstedt
Reha GmbH, Saarbrücken
Amazon Distribution GmbH, Leipzig
ISBN: 978-613-1-59670-4

Imprint (only for USA, GB)
Bibliographic information published by the Deutsche Nationalbibliothek: The Deutsche Nationalbibliothek lists this publication in the Deutsche Nationalbibliografie; detailed bibliographic data are available in the Internet at http://dnb.d-nb.de.
Any brand names and product names mentioned in this book are subject to trademark, brand or patent protection and are trademarks or registered trademarks of their respective holders. The use of brand names, product names, common names, trade names, product descriptions etc. even without a particular marking in this works is in no way to be construed to mean that such names may be regarded as unrestricted in respect of trademark and brand protection legislation and could thus be used by anyone.

Cover image: www.ingimage.com

Publisher: Éditions universitaires européennes is an imprint of the publishing house
Südwestdeutscher Verlag für Hochschulschriften GmbH & Co. KG
Dudweiler Landstr. 99, 66123 Saarbrücken, Germany
Phone +49 681 3720-310, Fax +49 681 3720-3109
Email: info@editions-ue.com

Printed in the U.S.A.
Printed in the U.K. by (see last page)
ISBN: 978-613-1-59670-4

« Si, en effet, Internet a beaucoup à offrir à qui sait ce qu'il cherche, le même Internet est tout aussi capable de compléter l'abrutissement de ceux et celles qui y naviguent sans boussole. »

Laurent Laplante

A mon père MAMPUYA MATITI Philippe,

A ma mère MAKELA TUSEVO Hélène.

Je dédie ce travail

Remercions de ce fait, tous ceux qui, pour leur franche collaboration ont contribués à la réalisation de ce travail de prêt ou de loin.

Nous pensons de prime à bord aux familles Simon KIMBANGU Chef spirituel de l'église kimbanguiste, MUYILULU KOKA dia-NZAMBI Pascal, KIMFUTA KIKANDA Franck ;

A mes frères Mak MATONDO Kua-NZAMBI, Pitshou WATUMUA, Fils MAMPUYA, Jurens MAMPUYA, mes sœurs Claudine NTUMBA, Adel MAYEMBA, Kamale BIKIKU, Sylla MABASILUA, mes nièces et neveux...

A mes collègues de service : Eric Mata, Bibiche Bilongo, Francine Bayandula, Clarisse Mandiangu, Edison Nzuzi, Germain Muanda, Beaugars Mpembi, Flavien Makiese etc ;

Pour tous le réconfort tant mental, moral, spirituel que matériel dont je suis bénéficiaire, et que tous trouvent ici l'expression de notre profonde gratitude.

Cédric S. MATUATAMBULA Kua-NZAMBI

NOTION PRELIMINAIRE SUR L'ORDINATEUR

Définition

Un **ordinateur** est une machine dotée d'une unité de traitement lui permettant d'exécuter des programmes enregistrés. Un ensemble de circuits électroniques permettant de manipuler des données sous forme binaire, ou bits. Cette machine permet de traiter automatiquement les données, ou informations, selon des séquences d'instructions prédéfinies appelées aussi programmes.

Ouverture ou Fonctionnement

Pour ouvrir un ordinateur nous commençons toujours par l'écran et ensuite sur l'unité centrale en appuyant sur leurs boutons poussoirs power comme dans vos téléphones portables, l'un après l'autre chacun à son tour ; attendez le chargement de la machine.

Si vous voyez la présence de trois icones à savoir : Poste de travail, menu Démarrer et la Corbeille, rassurer vous que votre ordinateur est ouvert.

Organe d'entrée. Organe de traitement de l'information. Organe de sortie

Chez l'homme les organes d'entrée sont les cinq sens, l'organe de traitement est le cerveau dont les logiciels sont l'apprentissage avec des mises à jour constantes en cours de vie, puis les organes de sortie sont les muscles. Pour les ordinateurs modernes les organes d'entrée sont le clavier et la souris, les organes de traitement sont ces systèmes d'application que nous le Microsoft Word, Excel... et les organes de sortie sont : l'écran, l'imprimante, le graveur de CD et DVD etc.

LES PARTIES D'UN ORDINATEUR

L'ordinateur interagit avec l'environnement grâce à des périphériques comme le moniteur, le clavier, la souris, les baffles (pas importe),.. Les ordinateurs peuvent être classés selon plusieurs critères (domaine d'application, taille ou architecture).

ECRAN OU MONITEUR

Est un périphérique de sortie visuel d'un ordinateur. C'est celui où s'affichent les informations saisies ou demandées par l'utilisateur et générées ou restituées par l'ordinateur, sous forme de texte et d'images en deux dimensions avec éventuellement un effet à trois dimensions. Le texte et les images peuvent être fixes ou animés.

UNITE CENTRALE OU UC

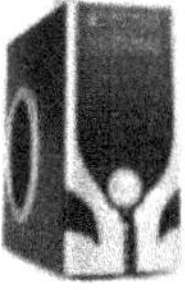

Est, dans le domaine de la mini-informatique, la partie de l' ordinateur qui effectue tous les traitements de base. Il existe deux significations à ce terme : la première, la plus courante, désigne le boîtier d'un ordinateur (contenant : la carte mère, le processeur, la mémoire vive, l' alimentation, les périphériques de stockage et tous ses composants internes); la seconde, moins courante mais plus précise désigne une partie du processeur *(composant essentiel d'un ordinateur qui interprète les instructions et traite les données d'un programme).*

UN CLAVIER

Un périphérique d'entrée de l'ordinateur composé de touches envoyant des instructions à la machine une fois actionnées ; Les claviers possèdent une centaine de touche donc les lettres de l'alphabet, les chiffres, les accents et des touches spéciales pour interagir avec le système.

Type de claviers

Il existe plusieurs types de claviers dont citons : le clavier azerty pour le français et qwerty pour les anglais (appelé selon dont les touches sont marquées en leur disposition).

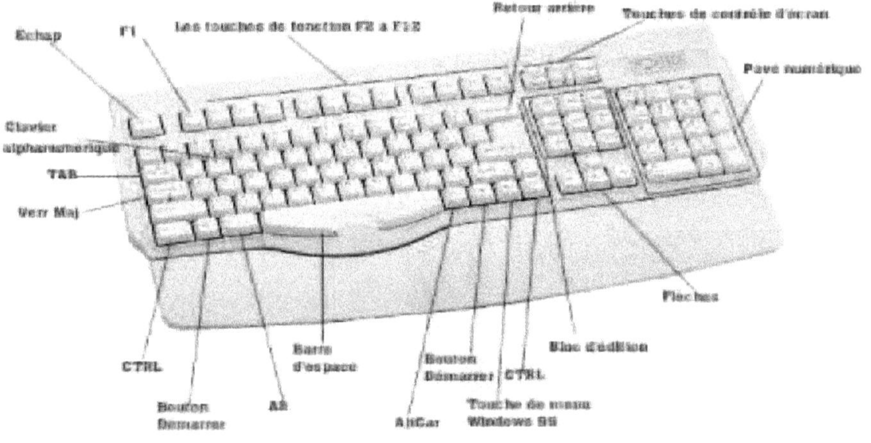

Rôle ou importance du clavier

Le *clavier* est essentiel, au même titre que la *souris* dans le fonctionnement d'un ordinateur. Il est d'autant plus qu'un ordinateur ne démarre pas s'il n'a pas détecté de *clavier* à l'allumage. Ne soyez pas effrayé par la quantité de touches présentés sur un *clavier*, nous allons voir l'essentiel et tout deviendra plus clair par la suite ; la raison pour lequel nous disons clavier, inséparable ami de la souris. ***Un périphérique permettant d'écrire du texte et communiquer avec l'ordinateur***.

L'ESSENTIEL A RETENIR POUR LES TOUCHES DU CLAVIER

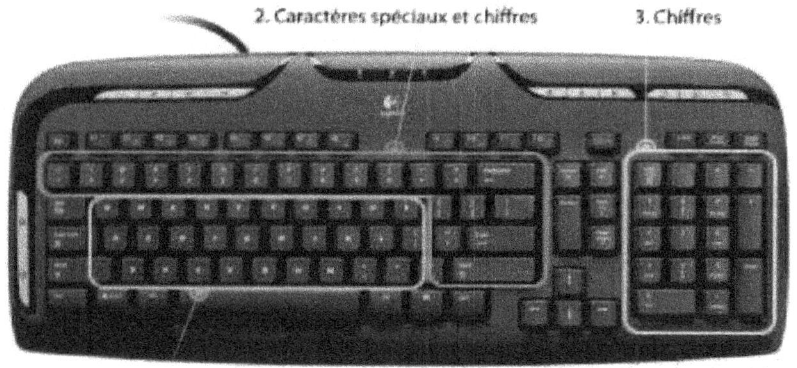

On peut distinguer trois (3) zones essentielles sur le clavier : la zone des lettres, la zone des caractères spéciaux et la zone des chiffres.

La touche Espace ou le barre d'espacement : permet d'espacer les mots, de supprimer une série des mots sélectionnés.

La touche Entrée ou Enter : permet de valider une commande ou de retourner à la ligne au cas où vous saisissez.

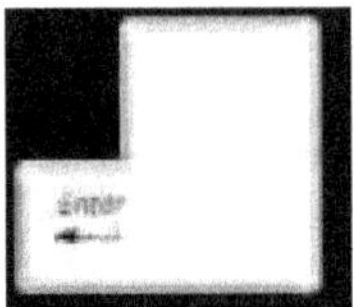

La touche Echap ou escape : permet d'annuler une action que l'on ne désire pas ou sortie brusquement sans le vouloir.

La touche Maj, une fois maintenue, permet de taper une lettre en majuscule ou un caractère qui se trouve en haut d'une touche.

La touche Verr. Maj, ou Shift Lock ou encore capslock : une fois activée, permet de tout écrire en majuscule. Il faut appuyer à nouveau dessus pour désactiver les majuscules.

La touche Alt Gr, une fois maintenue, permet de faire le caractère qui se trouve à droite sur une touche : le **€**, le @

En résumé : sur une touche qui possède 3 caractères, le caractère du haut s'obtient en maintenant Maj et le caractère de droite en maintenant Alt Gr.

Pour supprimer du texte, on utilise la touche Retour arrière ou **backspace (pour supprimer vers l'arrière ou à gauche du curseur**) et Suppr et/ou delete (pour supprimer vers l'avant à droite du curseur).

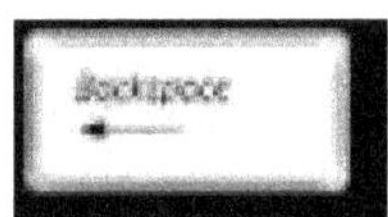

La touche Suppr ou delete sert également à effacer de caractère qui est à droit de votre curseur, un fichier ou un dossier.

NOTE

Pour faire un accent circonflexe, il faut d'abord appuyer sur circonflexe (juste après la lettre P) et ensuite sur la lettre voulue.

Si votre clavier numérique (coté chiffre) ne fonctionne pas, appuyez une fois sur **Verr Num ou num lock** en haut de celui-ci afin d'activer les chiffres.

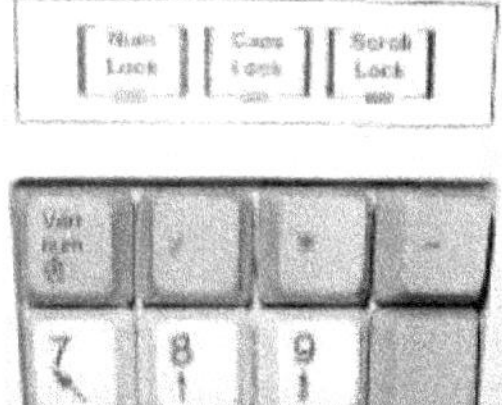

Vue d'un clavier

Les flèches des directions : permet d'aller de gauche à droite, de haut en bas

LA SOURIS

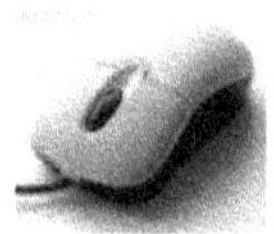

Une **souris** est un dispositif de pointage pour ordinateur. Elle est composée d'un petit boîtier fait pour tenir sous la main, sur lequel se trouvent un ou plusieurs boutons.

Le verbe correspondant pour les opérations de la souris est « cliquer » dont nous citons le clic gauche et droit. Toute votre navigation sur Internet se fera par des simples *clics gauches*. Lorsque vous passerez votre *souris* sur un lien, votre *curseur*

(petite flèche) se transformera en une main et le texte changera d'apparence (couleur, souligné...). Il faudra faire un *clic gauche* pour suivre le lien. Les liens sur ce site sont en **bleu clair**.

Une souris se tient le corps dans la paume, ce qui est facile et plus important, c'est de placer votre **index** sur le bouton gauche, le majeur sur le bouton droit, le **pouce**, l'annulaire et **l'auriculaire** se place de chaque côté de la souris. (Voir images ci-dessous).

COMMENT TENIR UNE SOURIS

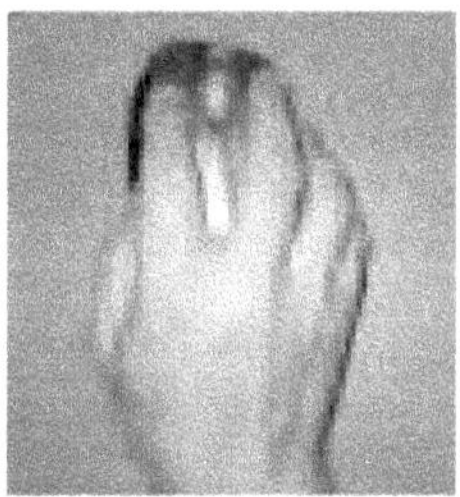

Nul besoin d'appuyer longuement ou trop fort sur le bouton de la souris, une simple pression légère et rapide suffit à faire un clic, il faut donc la caressée (doucement).

Et aussi on ne la soulève pas pour la déplacer, simplement, le déplacement (le bouger) ou mouvement sur la table se reproduit à l'écran par **une petite flèche que nous appelons le pointeur**. Il est important de poser les coudes sur les accoudoirs afin de reposer les muscles. L'avant du bras et la main sont alignés et le poignet et non cassé.

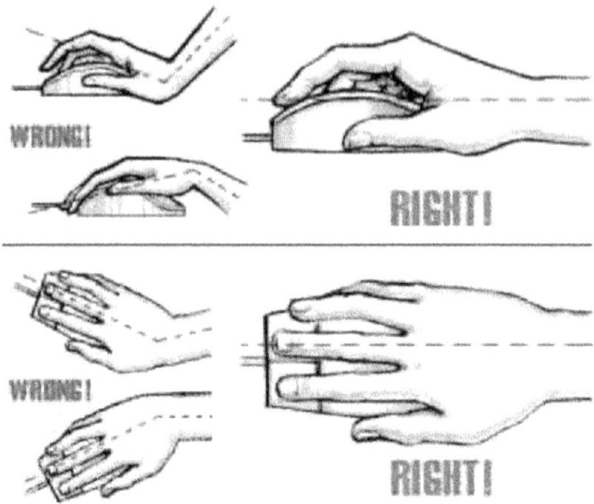

ESSENTIELLE A RETENIR POUR LA SOURIS:

Cliquer est un verbe qui signifie appuyé sur un des boutons d'une souris.

Le clic gauche permet de valider un menu, ou sélectionner un fichier ou un dossier. Sur Internet il n'y a pas de double clic, tous les liens sont activables par simple clic. Lorsqu'un bouton ou un menu s'anime au passage de la souris, c'est qu'un simple clic suffira !

Le double clic permet d'ouvrir un dossier dans une fenêtre ou un fichier dans un logiciel. Le double clic s'utilise seulement pour ouvrir une icône placée sur le bureau ou dans une fenêtre.

Le clic droit sert à interagir avec l'élément pointé pour par exemple le renommer, le supprimer ou le déplacer.

La roulette (se dit aussi molette) de la souris permet de faire défiler le contenu de pages.

LE SERVICE INTERNET

Définition

Réseau informatique mondial constitué d'un ensemble de réseaux nationaux, régionaux et privés qui sont reliés par le protocole (*utilisé pour communiquer sur une même couche d'abstraction entre deux machines différentes*) de communication TCP/IP (*Transmission Control Protocol/ Internet Protocol*) et qui coopèrent dans le but d'offrir une interface unique à leurs utilisateurs. Sur Internet les ordinateurs communiquent entre eux grâce à leurs adresses IP Comme signaler précédemment, Elles n'acceptent pas les accents, ni les espaces ni les caractères spéciaux.

Les principaux services Internet sont liés à la communication :

Échange de messages - e-mail :

La messagerie électronique (e-mail ou encore mail), c'est utiliser l'Internet comme on utilise la poste. Il est possible de déposer un message dans la boîte aux lettres de son correspondant, qu'il soit ou non devant une machine. Ce dernier sera capable, à sa prochaine connexion, de consulter sa boîte aux lettres pour lire ou envoyer des messages à ses correspondants.

L'**e-mail** (parfois orthographié **email** dans des textes en français) est un anglicisme qui signifie courrier électronique.

Une adresse E-Mail est toujours sous cette forme : nom@nom de domaine. type de domaine

Exemple : cedric@universitekongo.org

Nom @ nom de domaine point type de domaine

@ C'est l'arobase : pour l'obtenir, appuyer la touche Alt sans relâcher et taper 64. Ou encore Alt Gr + à. (Cfr. La touche Alt Gr).

google, yahoo, ... est le nom de domaine attribué au serveur qui héberge les fichiers web.

fr est le type de domaine d'internet pays qui sont aussi regroupé. par exemple rdc on l'abrège (cd), com pour les anglais...

Les forums de discussion - News :

A l'inverse du mail où la discussion est réalisée de 1 à 1, de l'émetteur vers le destinataire, les forums de discussion (ou *News*) sont des moyens de discussion entre plusieurs personnes. La métaphore la plus précise est celle du kiosque à journaux, à la seule différence que tous les utilisateurs d'Internet sont des journalistes potentiels. Tous sont capables de rédiger un article qui pourra être diffusé dans le groupe de discussion de son choix. Chacun peut lire le (ou s'abonner au) groupe de discussion qu'il désire.

Il existe des groupes de discussion sur tout et n'importe quoi. Des utilisateurs de *Windows* par exemple aux fanatiques des séries télévisées. C'est souvent dans ce cadre que se sont posées des questions éthiques quant à l'utilisation d'Internet, lorsque se forment des groupes au sujet par exemple du racisme ou de la pédophilie.

Échange de fichiers - Ftp :

Le service d'échange de fichier permet de déposer des fichiers sur une machine distante, mais aussi, et c'est le plus fréquent de télécharger des fichiers sur sa machine. La distribution de logiciels gratuits, la diffusion d'images, de sons, de notes de cours pour les étudiants ou d'articles scientifiques sont parmi les utilisations les plus courantes de ce service.

La connexion à distance - Telnet :

Elle permet à un *internaute* (utilisateur d'Internet) de se connecter et donc d'utiliser à distance une machine comme si il se trouvait face à elle. Cela ouvre par exemple des possibilités pour le travail à domicile, puisqu'il devient possible d'utiliser les machines se trouvant sur son lieu de travail depuis chez soi.

Le Web - WWW :

Le service le plus connu, le plus récent et maintenant le plus utilisé de consultation d'hyperdocuments. C'est LE service d'Internet. C'est ce service qui l'a rendu attrayant, et « commercialement utile ». Dans les années 90, un nouveau service de l'Internet est apparu : le *World Wide Web*, la *toile d'araignée mondiale*, encore désignée par l'acronyme *WWW* ou le diminutif *Web*. C'est ce service qui assure un certain succès à l'Internet. L'idée est de lire des *hyperdocuments* à l'aide d'un navigateur.

Un hyperdocument est un document électronique contenant des images, du son, du texte, parfois des petits morceaux de programme, mais surtout des liens vers d'autres hyperdocuments : des *liens hypertextes*. Ces liens apparaissent dans un style qui les distinguent, et une simple action de la souris sur un lien suffit à ouvrir le document lié. Les documents peuvent se trouver sur n'importe quelle machine (serveur) de l'Internet à des endroits parfois très éloignés et c'est ce qui donne l'impression à l'utilisateur de *naviguer sur le réseau*.

Le ***navigateur*** est l'outil qui permet de lire les hyperdocuments. On l'appelle aussi *browser* et les deux plus connus aujourd'hui sont ***MicroSoft Internet Explorer*** **(*MSIE*) et *Netscape***. Au début conçu pour ne lire que les hyperdocuments, le navigateur intègre aujourd'hui tous les services de l'Internet (e-mail, ftp,...). Le navigateur désigne par une adresse *URL* (***Uniform Resource Locator***), les adresses complètes de l'Internet. C'est une adresse qui contient à la fois le nom d'une machine mais aussi le nom du service demandé, le nom d'un document,...

Un autre standard incontournable de l'Internet est **HTML** (**HyperText Markup Language**). C'est le langage qui permet d'écrire des hyperdocuments de façon descriptive à l'aide de marqueurs. En gros, un document HTML est très verbeux et dit, par exemple : ici commence l'entête du document, voici son titre, fin de l'entête, début du document, titre de première section, voici le titre, je mets du gras, j'arrête le gras... Les ordres de mise en forme et de sectionnement du document sont donnés par des balises, qui sont des mots clés entourés de < et de >. Les balises indiquant la fin d'une mise en forme ou d'un sectionnement sont de la forme </...>.

Technologie d'Internet

D'un point de vue matériel, Internet n'est que la constitution d'un grand réseau, à partir de réseaux locaux. Tous les ordinateurs de ce grand réseau sont capables de « se parler ». Le protocole, donc la langue utilisée par les ordinateurs pour dialoguer, est *TCP/IP* (*Transport Control Protocol/Internet Protocol*).

Pour ajouter un ordinateur au réseau Internet :

- Il faut avant tout posséder un dispositif de communication : une carte réseau si un réseau local existe ou un modem.
- Il faut ensuite obtenir d'une instance internationale décentralisée dans chaque pays (puis dans chaque réseau et chaque sous-réseaux...) un numéro IP. C'est l'identifiant de la machine au même titre que le numéro de téléphone identifie un correspondant.
- Il faut que la machine soit capable de parler le TCP/IP. Cela implique d'ajouter au système d'exploitation des logiciels spécialisés. L'ensemble de tous ces logiciels est souvent appelé *middleware* car ils relient les logiciels applicatifs (*software*) au matériel (*hardware*).
- Il faut ajouter les logiciels applicatifs pour utiliser les services de l'Internet : pour lire le courrier électronique, participer aux groupes de discussion, ...

Ajoutons que les particuliers peuvent aussi se connecter à Internet, bien qu'ils n'aient certainement pas de liaison directe chez eux. La solution est alors d'utiliser les lignes téléphoniques et un modem et de faire appel à un pourvoyeur de services. Les pourvoyeur de services sont des sociétés qui ont un accès à Internet et le louent. Ils offrent souvent divers services comme un courrier électronique, des possibilités d'hébergement d'hyperdocuments (ou pages) Web. Souvent, la tarification est basée sur un abonnement et un coût horaire, en plus des communications téléphoniques.

Maintenant, pour dialoguer avec quelqu'un il faut savoir comment le nommer, l'appeler. On peut utiliser le numéro IP. Celui de ma machine est 192.168.0.17, Ce n'est pas très clair et difficile à retenir. D'autant plus que comme les numéros de téléphone, le nombre de chiffres (déjà 12) risque d'encore augmenter dans les mois à venir. Il y a heureusement d'autres façons. En fait, les adresses de l'Internet sont *domainisées*, c'est-à-dire, relatives à des domaines hiérarchisés.

Les adresses web :

Elles sont du type http://www.google.fr et permettent d'afficher les pages Web (texte, images, animations...).

http correspond au protocole de communication (**H**yper **T**ext **T**ransfer **P**rotocole) pour les serveurs Web ;

L'AVENIR D'INTERNET

Il faut d'abord préciser qu'il s'agit d'un domaine où les prévisions sont garanties comme celle de la météo (aucune prévision garantie au delà de 5 jours...) et fiables comme celles des astrologues (c'est tout dire !).

On peut cependant attendre des gains technologiques dans plusieurs domaines :

- la sécurité : grâce à l'encryptage et à l'authentification ;

- l'interactivité : avec l'utilisation d'agents intelligents pour faciliter les recherches ;
- capacités : augmentation des débits.

Rôle ou Importance de l'Internet

L'ambition **d'Internet** s'exprime en une phrase : **relier entre eux tous les ordinateurs du monde**. *A l'image du téléphone qui permet de converser avec toute personne dont on connaît le numéro*, c'est pourquoi nous disons qu'**Internet** est un système mondial d'échange de documents électroniques : textes, fichiers, images, sons et séquences audiovisuelles. C'est l'alliance de l' informatique et des télécommunications : la télématique au véritable sens du terme.

Les utilisateurs d'Internet sont désignés par le terme d'**INTERNAUTES**, synonyme de CYBERNAUTE, de surfer ou de net surfer. Quant aux informations du réseau, elles sont accessibles à partir de "lieux" que l'on appelle les sites Internet. Nous pouvons trouver l'Internet partout à travers le monde : bureau, maison d'habitation, téléphone portable, cybercafé l'endroit requis pour tous.

Navigation & Recherche

La **navigation** est l'ensemble des techniques qui permettent de connaître la position (ses coordonnées) d'une machine par rapport à un système de référence, ou par rapport à un point fixe déterminé.

Par contre, le terme **recherche** désigne l'ensemble des actions entreprises en vue de produire et de développer les connaissances scientifiques. Par extension métonymique, la **recherche scientifique** désigne également le cadre social, économique, institutionnel et juridique de ces actions.

Comment accéder à l'internet pour la navigation et recherche

Pour consulter votre boite e-mail ou encore pour faire les recherches (la navigation), la procédure d'accès au début est la même ;

Procéder comme suit :

Cliquer sur démarrer, Cliquer ensuite sur Internet

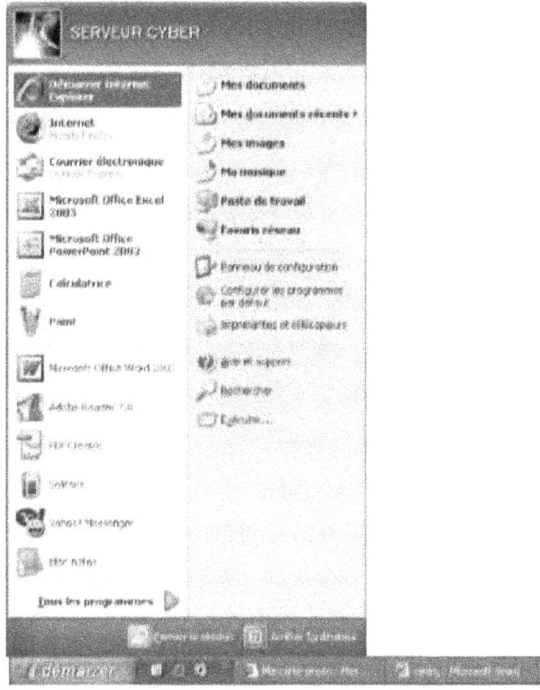

Dans la page qui apparaisse, cliquer sur la barre d'adresse puis écrire l'adresse web pour faire de recherche ; une fois écrite, valider par le bouton OK à droite de l'adresse que vous venez d'écrire ou par la touche enter (entrer). (voir l'image ci-dessous)

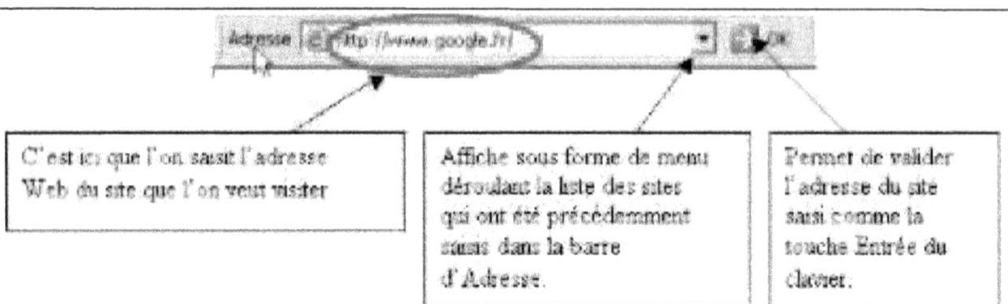

Apparition de la page ci-dessous pour l'adresse web www.google.fr; Noter que les moteurs de recherches sont plusieurs, mais nous utilisons fréquemment google parce qu'il fit conçu pour les recherches.

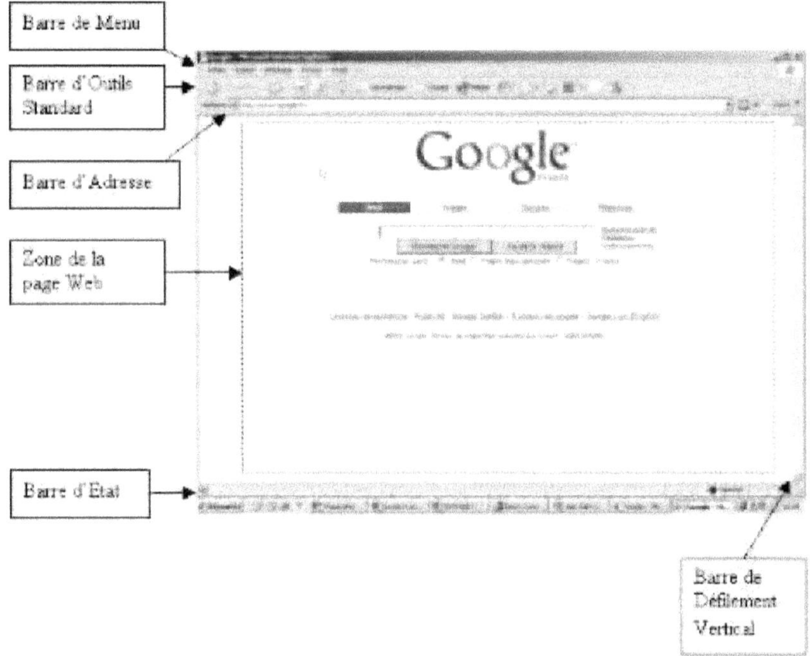

Introduire votre thème de recherche et cliquer sur recherche google ou valider dans le clavier par la touche enter.

Apparition des différentes thèmes de votre sujet en bleu clair, dont vous pouvez cliquer sur un pour suivre le lien. Voir l'image suivante pour le terme informatique.

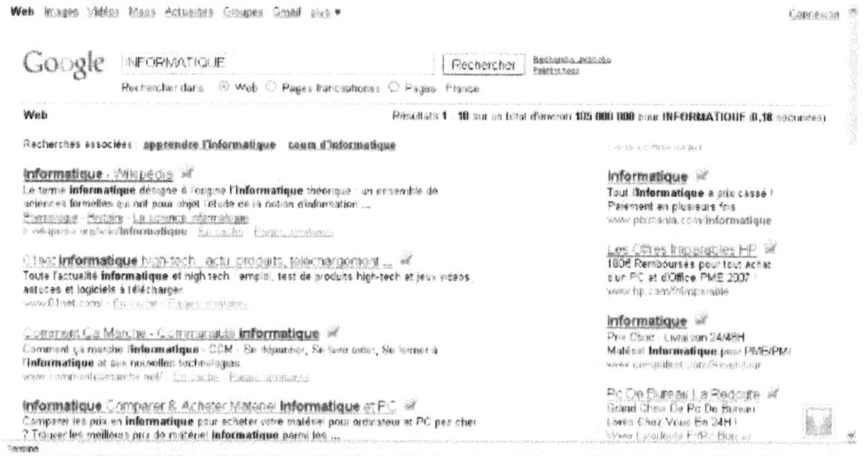

Si vous trouvez que les informations apparues ne sont toujours pas suffisantes :

Voici alors l'utilité de différent bouton de la page Internet :

Le bouton précédent permet de retourner sur la page précédente, on peut cliquer plusieurs fois dessus pour revenir plusieurs pages en arrière ou cliquer sur la petite flèche noire pour choisir directement la page sur laquelle on veut retourner.

Le bouton suivant permet de se diriger vers la page suivante, lorsqu'on est revenu en arrière

Le bouton Arrêter permet d'arrêter le chargement de la page en cours lorsque l'affichage à tendance à s'éterniser.

 Le bouton Actualiser permet de recharger une page.

 Permet d'imprimer la page Web affichée à l'écran.

Consulter vos mails ou Avoir une adresse électronique

Plusieurs sites Internet où nous pouvons créer et consulter nos adresses de messageries dont citons ici : yahoo, gmail, hotmail, live, voila, aol..., mais yahoo, hotmail en Afrique sont populaire parce que tout le monde le préfère. Alors pour y accéder ; Cliquer sur démarrer, ensuite sur Internet explorer (voir le schéma ci-haut pré-cité) ; dans la page qui apparaisse, cliquer sur la barre d'adresse pour écrire votre adresse web de domaine : www. yahoo.fr.

Noter que la page yahoo est déjà par défaut dans presque tout le cyber café, car nous les utilisons fréquemment en Afrique ; qu'à cela ne tienne, procéder comme suit :

Une fois que cette page apparaisse, vous pouvez clique sur premièrement **s'identifier**, deuxièmement sur **yahoo mail, et/ou enfin ouvrir une session**

Apparition de cette page ci-dessous

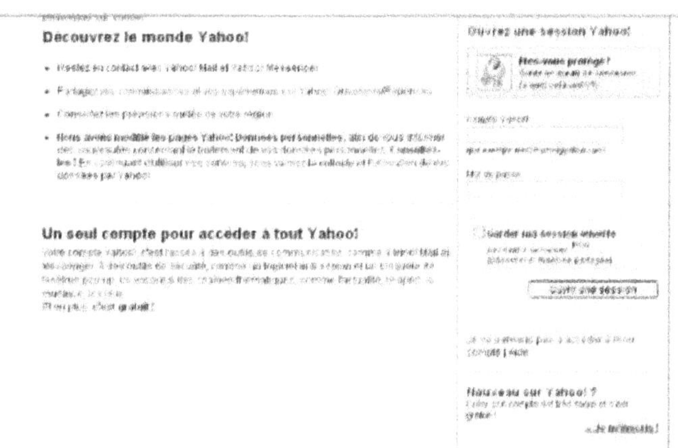

Entrer votre courriel (**adresse mail** ou **électronique**) et le mot passe puis cliquer sur ouvrir une session ou valider par la touche enter dans votre clavier pour accéder dans votre boite.

Si vous ne possédez pas une adresse mail, cliquer sur **je m'inscris ou s'inscrire** puis remplissez les casses pour la créer. Et suivez les instructions qui y suivent

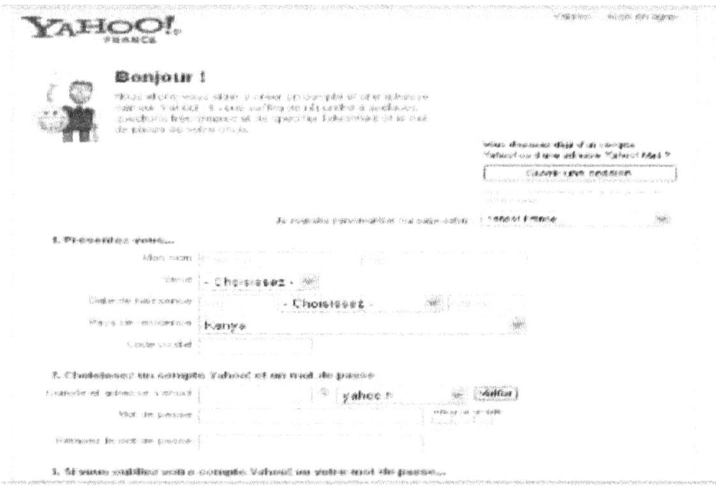

L'apparition de votre boite (voir l'image ci-dessous). Vous avez deux possibilités de voir les personnes qui vous ont écrits et voir le nombre de message dans votre boite :

Cliquer sur lire les mails ; ou encore sur la boite de réception.

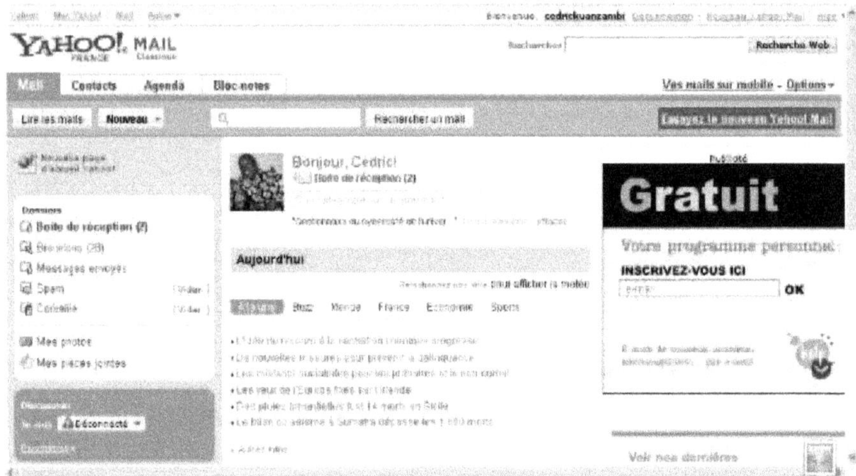

Cliquer sur un parmi les objets des destinateurs de vos messages pour lire le contenu

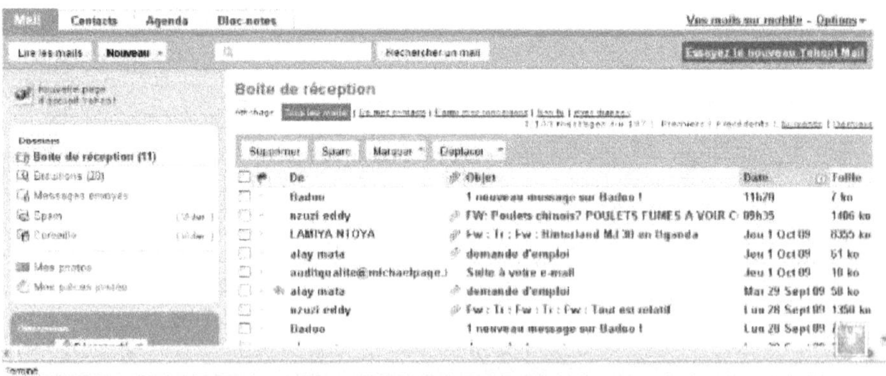

Envoi ou écrire un message mail

Pour envoyer ou écrire un message à votre correspondant, cliquer sur écrire ou sur nouveau voir l'image ci-dessous ; Placer l'objet de votre message

A : Écrivez l'adresse électronique du destinateur de votre message. (Voir les adresses email). Vous pouvez également envoyer un seul message à plusieurs adresses mails confondues de vos destinateurs, en le séparant par la virgule.

Une fois terminer à écrire, confirmer votre envoi en cliquant sur envoyer

Vous avez la confirmation de l'envoi de votre message

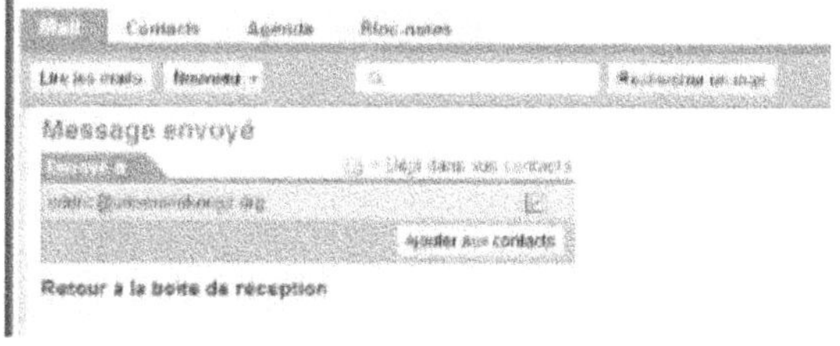

Note

Si vous avez des photos, des documents, de fichier audio ou vidéo etc. à expédier a votre destinateur ou contact, procéder comme suit en utilisant:

LA PIECE JOINTE (une manière d'envoyer de fichier, photos...)

Pour joindre un fichier, procéder comme suit dans la boite ci-dessous à écrire, Cliquer sur **joindre des fichiers**, ensuite sur parcourir, dans la boite de dialogue qui s'affiche, cliquer sur **parcourir** pour sélectionner vos fichiers.

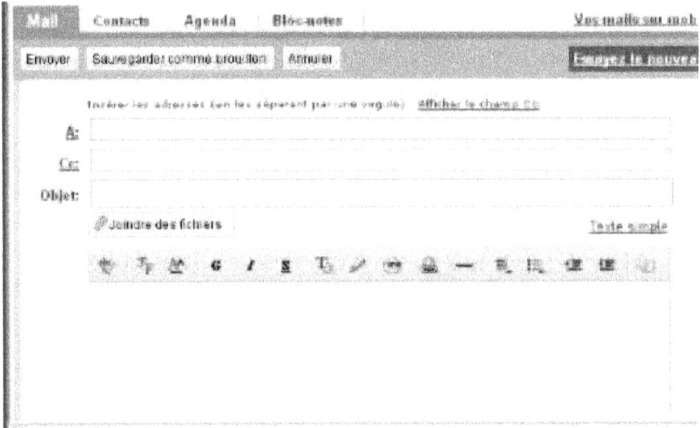

Repérer le dossier où votre fichier est (regarder dans) voir l'image ci-dessous:

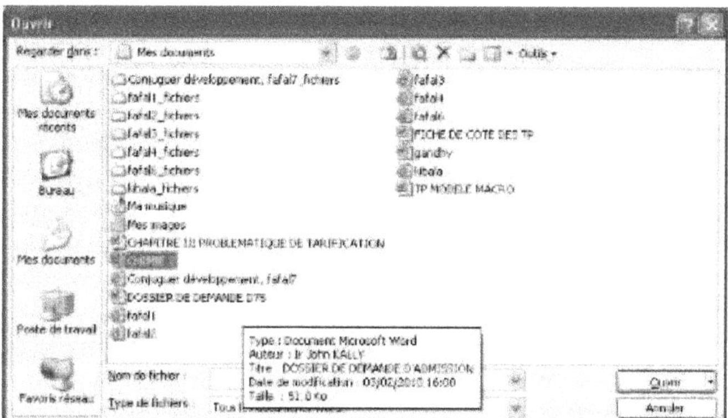

Sélectionner le Nom du Fichier puis Ouvrir. S'il y a plusieurs fichiers à télécharger, parcourez d'autres cases restantes. D'ici, **cliquer à nouveau sur joindre** de fichier Attendez le chargement du fichier jusqu'à ce qu'on retourne à la case du départ, c'est-à-dire la boite à écrire, et de là, constater que le fichier en question est joint. Voir les images ci-dessous

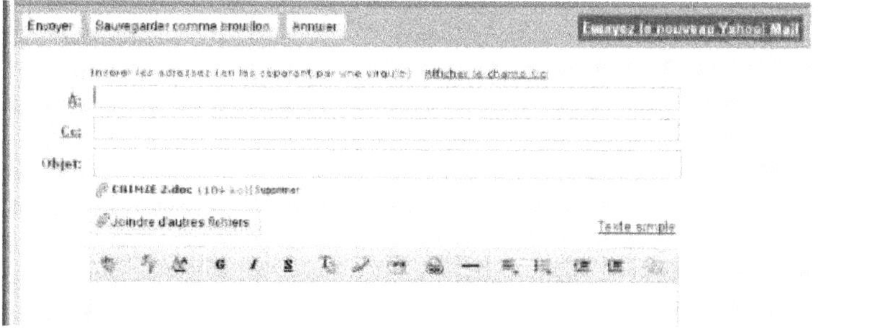

Placer l'adresse du destinateur et l'objet de votre message, puis si possible mettre un petit message qui accompagne la pièce jointe et envoyer ensuite. Attendez toujours la confirmation de l'envoi

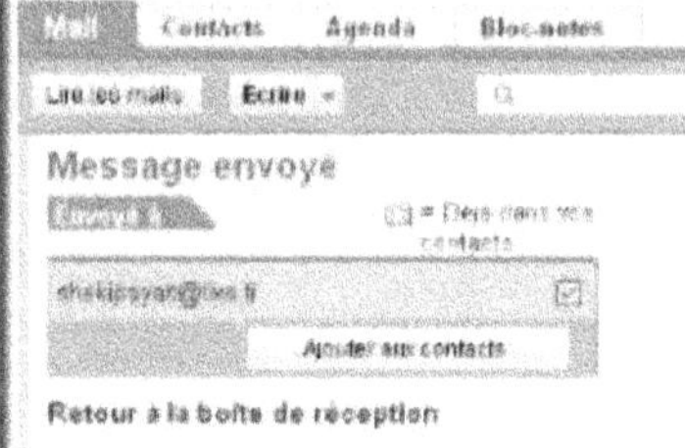

D'ici, vous pouvez directement ajouter le contact dans votre carnet d'adresse en cliquant sur ajouter aux contacts (voir l'image ci-haut).

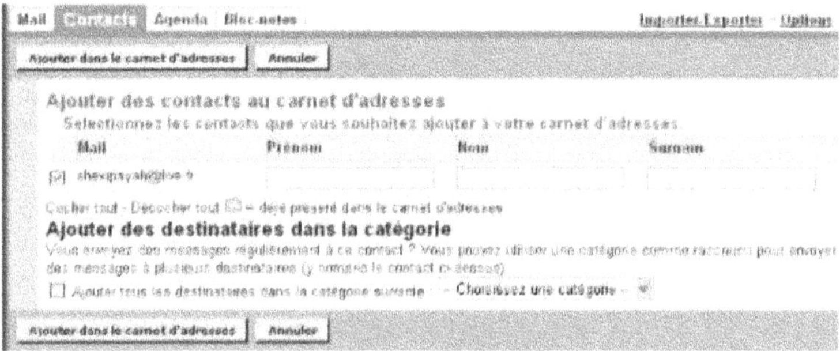

Une fois cliquer, remplissez ces casses si nécessaires, ou vous cliquez sur ajouter dans le carnet d'adresse (voir l'image ci-haut)

Ou encore,

Pour ajouter un contact dans ton carnet d'adresse, clique sur contact dans la page principale, puis sur ajouter un contact. Remplir les informations nécessaires dans les casses qui y apparaissent.

Comment lire une pièce jointe

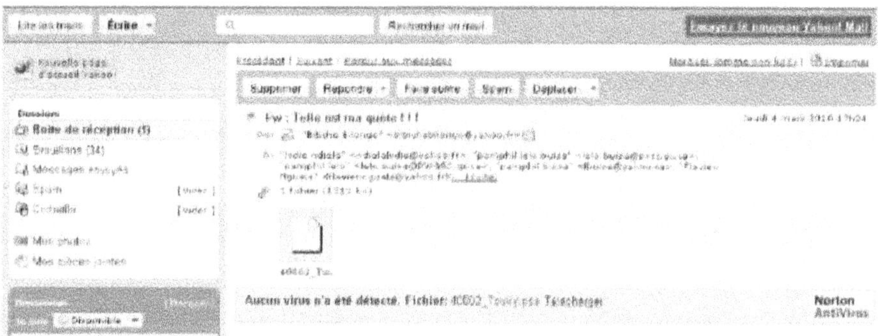

Comment savoir s'il y a une pièce-jointe :

Constater la présence de la petite icône de l'attache,
cliquer dessus sur la pièce en question attendez un moment puis cliquer sur télécharger et ouvrir ou enregistrer en suite si possible

Comment transférer le message

Pour transférer ou envoyer le même contenue du message à une autre personne, cliquer sur le message en question ensuite sur **Faire suivre.**

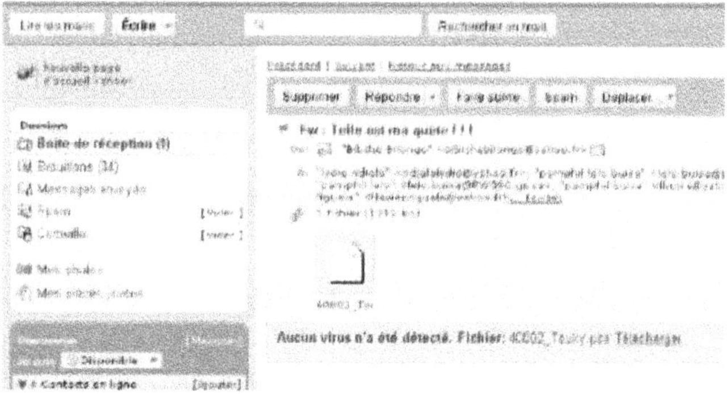

Placer un ou plusieurs adresses et envoyer à la suite ; attendre la confirmation du transfert de votre message.

Comment chercher un message qui date de longtemps de votre boite de réception, placer la référence de votre mail soit le nom de l'expéditeur ou le destinateur du message, cliquer ensuite sur **recherche mail**

Ou encore, cliquer sur suivant ou précédent du message ou de la page encours

Comment modifier son mot de passe sur yahoo !

Avec yahoo ! mail, vous pouvez modifier votre et/ou changer votre mot de passe. Sur ce, rendons-nous sur Yahoo et procéder comme démontrer dans la première partie ; *(Cliquez sur **S'identifier**, entrez votre **adresse mail** ainsi que votre mot de passe, puis cliquez sur Ouvrir une session).* **Dans la boite qui apparaisse, cliquer sur** options **puis sur option du mail (voir l'image si dessous)**

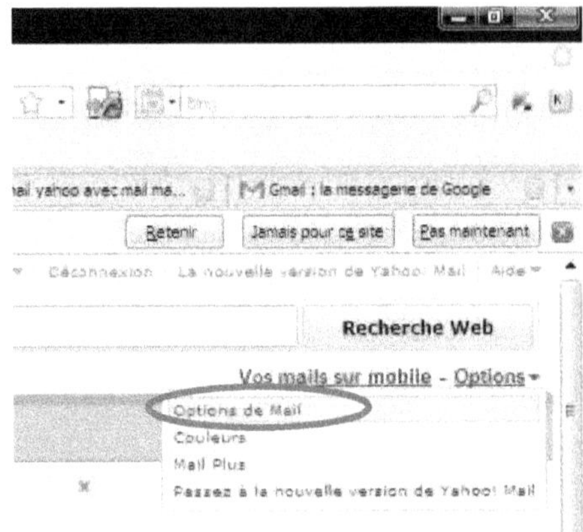

Dans la page qui apparaisse, cliquer sur **Infos compte** puis entrer à nouveau votre mot de passe, puis cliquer sur **connexion** ou **ouvrir** une **session**. Voir l'image ci-dessous.

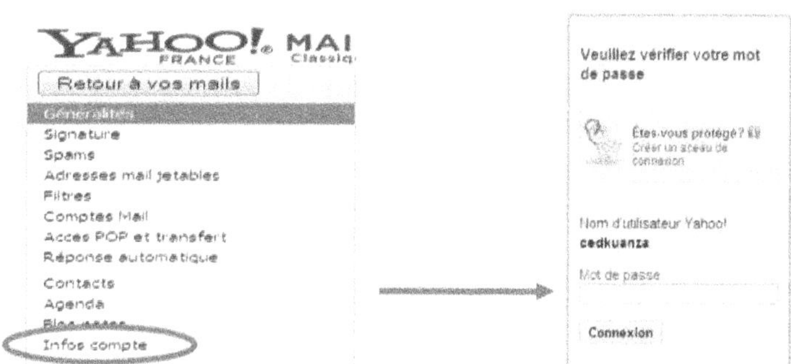

Dans la rubrique **Connexion et sécurité**, cliquez sur **Modifier votre mot de passe**.

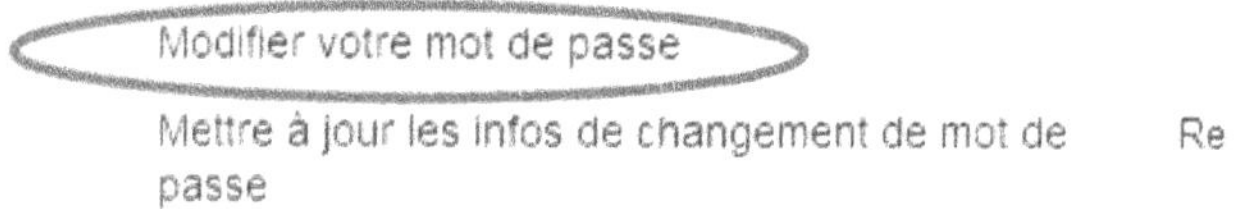

Tapez votre mot de passe actuel, puis votre nouveau mot de passe deux fois. Pour finir, Cliquez sur **Enregistrer**.

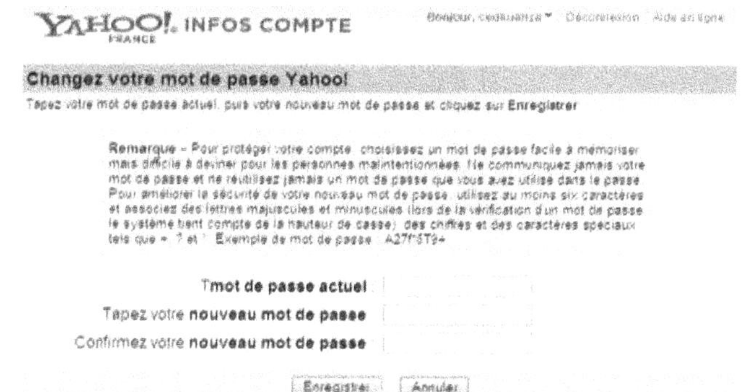

Un message s'affiche pour vous confirmer le changement de mot de passe.

Récupérer vos anciens emails et contacts...

Vous pouvez **Importer tous vos anciens contacts d'une autre adresse mail** en utilisant l'outil d'importation gratuit. **Ce dernier peut également copier vos anciens emails de la plupart des fournisseurs d'adresses mails** (Orange, Hotmail, Google Mail...) dans votre Yahoo! Mail... Rien ne sera supprimé de votre ancien compte.

Organisez vos mails

Vous pouvez **créer des dossiers** dans Yahoo! Mail pour classer vos mails. Utilisez les liens "[Ajouter - Modifier]" pour créer et gérer vos dossiers.

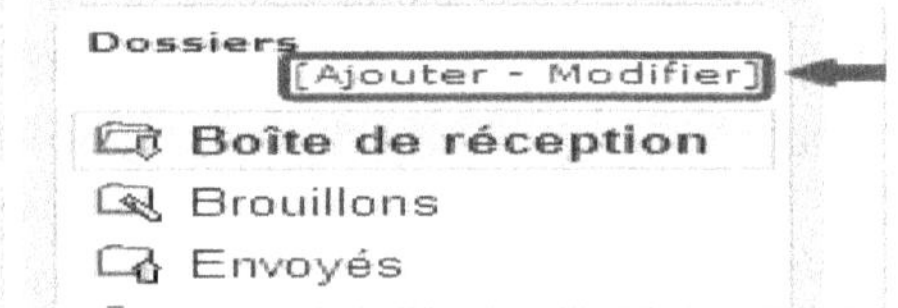

Pour **déplacer un mail**, sélectionnez-le en cochant sa case puis cliquez sur le bouton "Déplacer...".

Vous pourrez choisir, via cette liste déroulante, le dossier dans lequel vous souhaitez transférer le mail.

UTILISATION DE NOUVEAU YAHOO ! MAIL

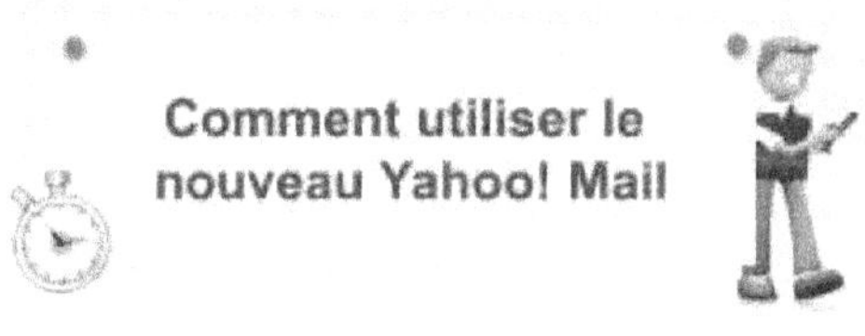

L'utilisation de nouveau yahoo parait de même à l'entre avec l'ancienne version. Juste quelques améliorations apportées à existant déjà.

Comment vérifier vos nouveaux mails

Pour vérifier si vous avez reçu de nouveaux mails, cliquez sur le **bouton "Actualiser"** (en haut à gauche). Sinon, Yahoo! Mail le fera pour vous **automatiquement toutes les 10 minutes**.

Vous pouvez accéder à votre **boîte de réception** à tout moment en cliquant sur le lien correspondant dans le menu de gauche.

Accédez à votre boîte de réception, vous y trouverez tous vos mails. **Pas assez d'espace ?** Augmenter l'espace pour consultez vos mails en **désactivant le panneau de lecture** depuis le menu déroulant "Afficher".

Cliquez deux fois sur un mail pour l'ouvrir. Cela ouvrira un nouvel onglet. Ainsi, vous pouvez sans problème ouvrir plusieurs mails en même temps et passer de l'un a l'autre rapidement.

Comment Ecrire un mail

Cliquez simplement sur le **bouton "Écrire"** (en haut à gauche). Cela ouvre automatiquement un nouvel onglet, qui vous permet ainsi de consulter toujours votre boîte de réception même pendant l'écriture de votre email.

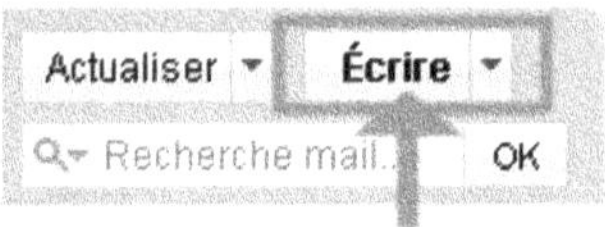

Pendant la rédaction de votre mail, vous pouvez faire une sauvegarde sous forme de **brouillon** si vous ne souhaitez pas l'envoyer tout de suite. Vous le retrouverez alors dans le **dossier Brouillon** (lien dans la barre de navigation à gauche) et vous pourrez le modifier avant de l'envoyer.

Il vous reste juste à saisir une ou plusieurs adresses mails dans le **Champ "À:"**.

Vous pouvez aussi ajouter des contacts depuis votre carnet d'adresses en **cliquant sur le bouton "À:"**

Ajouter une pièce jointe en cliquant sur le **bouton "Joindre"**

Lorsque votre message est prêt, envoyer le en cliquant sur le **bouton "Envoyer"**.

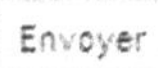

Actions : Répondre / Faire suivre / Supprimer / Spam...

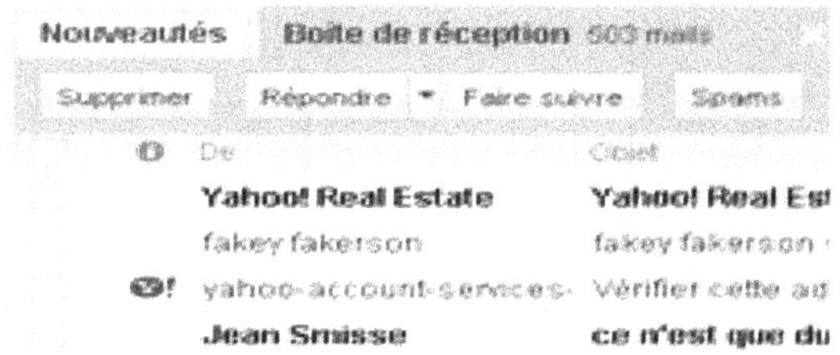

Ici, y a pas vraiment de changement, procéder comme explicité plus haut en Sélectionnant (1 clic) ou ouvrez (2 clics) un email et choisissez l'action voulue **en utilisant le bouton correspondant "Répondre", "Supprimer", "Faire suivre", "Spams" ...** vous pouvez aussi effectuer ces opérations avec un clic bouton droit sur le titre du mail depuis la boîte de réception

Vous pouvez aussi **sélectionner plusieurs mails en même temps** en utilisant la touche **Maj** de votre clavier ou en cochant la case correspondant à chaque mail.

Vos contacts (Carnet d'adresses) / Ajouter un contact...

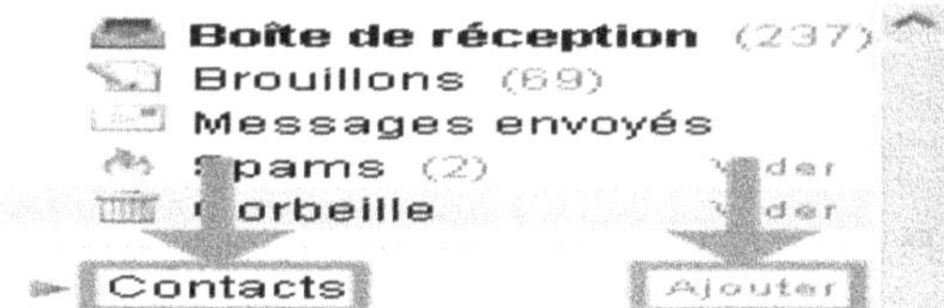

Pour accéder à votre carnet d'adresses, cliquez sur **"Contacts" dans le menu de gauche**. Vous pouvez facilement **ajouter un contact** en cliquant sur le lien **"Ajouter"** (menu de gauche, à coté de "Contacts").

Récupérer vos anciens email et contacts...

Vous pouvez **Importer tous vos anciens contacts d'une ancienne adresse mail** en utilisant notre outil d'importation gratuit. **Ce dernier peut également copier vos anciens emails de la plupart des autres fournisseurs d'adresses** (Orange, Hotmail,

Google Mail...) dans votre Yahoo! Mail... Rien ne sera supprimé de votre ancien compte.

Discutez avec vos amis depuis n'importe quel ordinateur

Le service Yahoo ! Mail a ajouté **Messenger dans Yahoo! Mail**, vous pouvez donc discuter en direct avec nos amis très facilement et sans restrictions. **Il n'y a aucun téléchargement ni installation à effectuer.**

Dans Yahoo! Mail vous pouvez activez Messenger en choisissant votre statut de connexion. Cliquez sur le lien "Déconnecté" tout en haut de la page pour choisir votre statut (voir l'image ci-haut). Lorsque votre Messenger est activé vous pouvez voir vos contacts également connectés. Vous pouvez ajouter et discuter avec vos contacts Yahoo! Messenger mais aussi Windows Live Messenger. Pour commencer une discussion, cliquez sur le nom d'un contact...

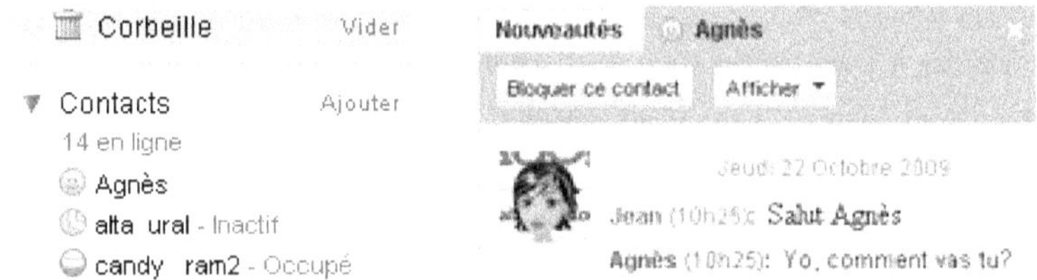

Ne vous inquiétez pas Yahoo ! Mail respectes votre vie privée. Vous pouvez vous **déconnecter** du Messenger à tout moment ou choisir le statut "Invisible".

Organisez vos mails

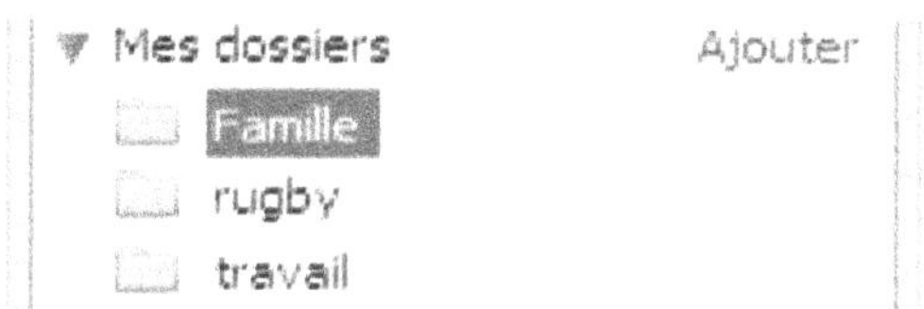

Vous pouvez **créer des dossiers** dans Yahoo! Mail pour classer vos mails. Vous pouvez ensuite **glisser/déplacer vos emails** d'un dossier à l'autre. Pour déplacer un email, cliquez simplement dessus (dans votre boîte de réception par exemple), gardez le bouton de la sourie enfoncé et déplacez votre mail vers le dossier souhaité (ou la corbeille si vous souhaitez supprimer le mail).

Ajouter votre photo

Commençons par ajouter une touche personnelle à votre Mail, c'est tellement plus sympa ainsi. Il vous suffit de cliquer sur **l'icone de portrait grise**. Vous accédez ainsi à votre profil Yahoo!

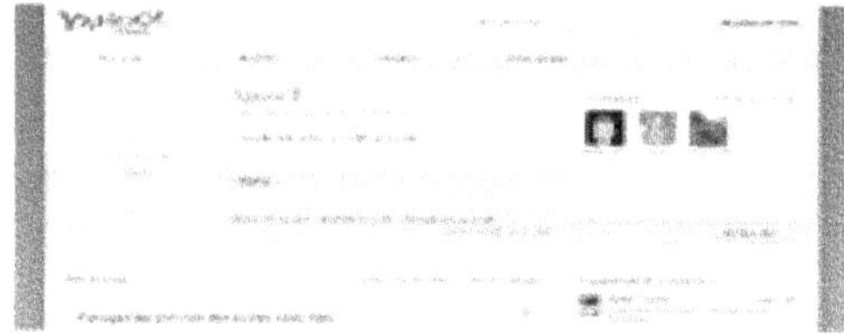

Cliquez ensuite sur le lien "Ajouter votre photo" ou sur le lien "Changer de photo" pour changer votre photo.

Ajouter votre photo

Changer de photo

Une petite fenêtre s'ouvre ensuite et vous laisse sélectionner une photo existante ou en ajouter une nouvelle (uploader). Vous devriez utiliser une vraie photo de vous, cela permettra à vos proches de mieux vous reconnaître sur Yahoo!

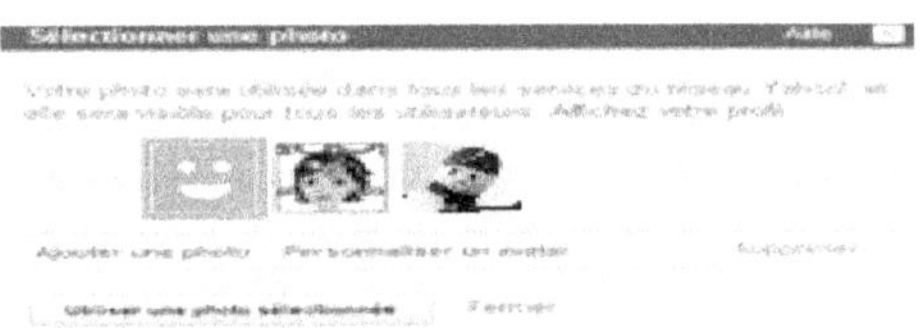

Une fois la photo de votre choix sélectionnée, **cliquez simplement sur le bouton "Utiliser une photo sélectionnée"**

La Navigation par Onglets Avec Internet Explorer 7

La dernière version d'Internet Explorer (version 7) propose la navigation par onglets. Cette fonctionnalité, déjà connue des utilisateurs du navigateur Mozilla Firefox, permet d'ouvrir simultanément plusieurs liens sans pour autant avoir à ouvrir plusieurs fenêtres. La souplesse de ce type de navigation met fin à la profusion de fenêtres ouvertes, permet de passer d'un onglet à l'autre aisément.

Qu'est-ce que la navigation par onglets ?

Avec les versions antérieures du navigateur Internet Explorer (version 5, 6), chaque fois que vous souhaitiez surfer simultanément sur plusieurs sites Internet, il vous fallait ouvrir une nouvelle fenêtre Internet Explorer. Le désagrément était de voir se multiplier les fenêtres ouvertes et les boutons dans la barre des tâches, au risque de ne pouvoir s'y retrouver! La nouvelle version de l'explorateur Internet proposé par Microsoft intègre le principe de la "navigation par onglets". En pratique, si vous souhaitez consulter plusieurs sites Internet, vous n'aurez plus à ouvrir autant de fenêtres. Une seule fenêtre est ouverte et grâce aux onglets, vous pouvez aisément passer d'un site à l'autre.

Définir la page d'accueil d'internet explorer 7

La page d'accueil est la page du site Web affichée à l'ouverture du navigateur Internet Explorer 7. Vous avez la possibilité de la modifier et de mettre orange.fr en page d'accueil.

Définir La Page D'accueil

Ouvrez votre navigateur Internet Explorer 7. Cliquez sur le bouton Outils et sélectionnez Options Internet.

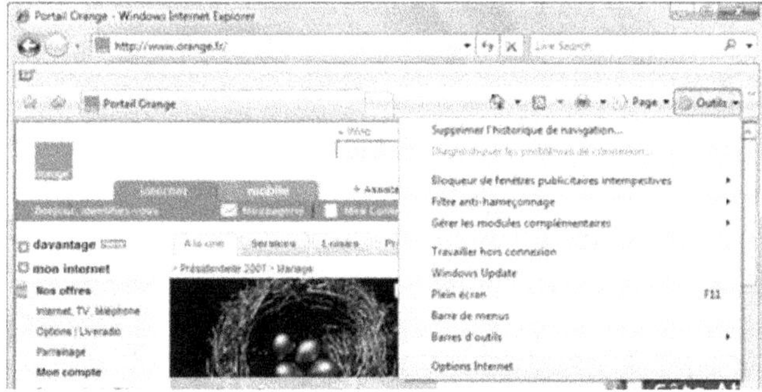

Dans la fenêtre Propriétés de Internet, saisissez l'adresse **http://www.orange.fr** dans la rubrique Page d'accueil. Cliquez sur le bouton OK.

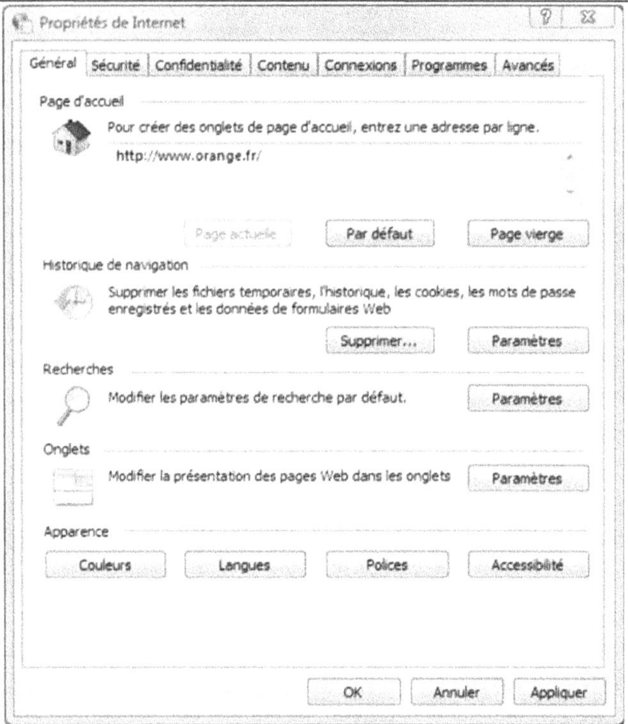

Fermez puis relancez votre navigateur Internet Explorer 7 pour vous assurer que la page d'accueil affichée est bien celle que vous avez définie.

Comment utiliser la navigation par onglets

Ouvrir un nouvel onglet

Différentes méthodes sont possibles pour ouvrir un nouvel onglet :

- *Le bouton de création :*

A partir de la fenêtre du navigateur Internet Explorer 7, cliquez sur le bouton création. Lorsque la souris s'approche du bouton, le symbole d'un nouvel onglet s'affiche.

- *Le menu "Fichier"*

Astuce : Afficher la "barre des menus"

Par défaut, dans Internet Explorer 7, les menus ("**Fichier**", "**Edition**", "**Affichage**", "**Favoris**" ...) ne sont pas affichés. Pour les afficher, faites un clic droit souris au-dessus de la barre des onglets et sélectionnez "**Barre de menus**".

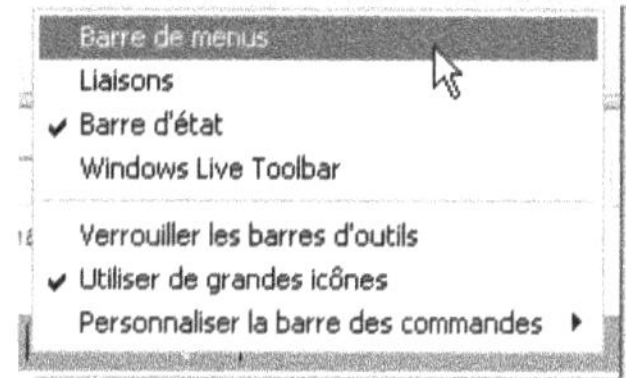

A partir du menu "**Fichier**", cliquez sur "**Nouvel onglet**".

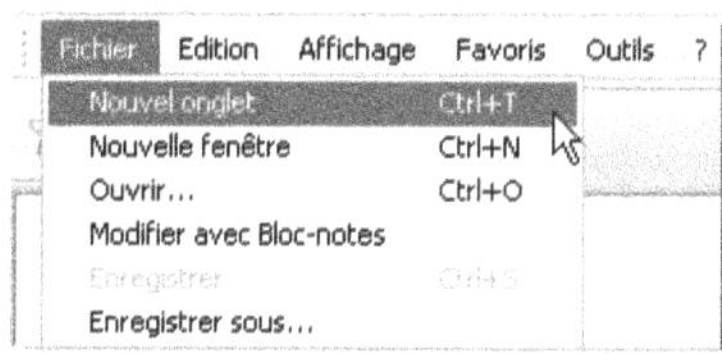

Le raccourci :

A l'aide d'une combinaison des touches du clavier (un "raccourci") vous pouvez ouvrir un nouvel onglet. Le raccourci est souvent mentionné dans le menu à côté de l'action, comme sur l'image précédente où, à côté de "Nouvel onglet", apparaît

"**Ctrl+T**".

Ceci vous informe que l'action que vous faites lorsque vous déroulez le menu "Fichier" pour ensuite cliquer sur "Nouvel onglet" peut être remplacée par la combinaison de touches "**Ctrl**" (Control) et "**T**".

Pour ouvrir un nouvel onglet en employant le raccourci, vous devez maintenir enfoncée la touche "**Ctrl**" et appuyer simultanément sur la touche "**T**".

Basculer entre les onglets de navigation

- ***A l'aide de la souris***

Le premier avantage de la navigation par onglet est l'ouverture de plusieurs pages Internet dans une même fenêtre.

Encore faut-il pouvoir facilement basculer entre les différents onglets. Pour basculer d'un onglet à l'autre, c'est-à-dire pour afficher un onglet qui est en arrière plan ; il vous suffit de cliquer sur l'onglet que vous souhaitez visualiser.

- ***Le raccourci***

Le raccourci pour basculer entre les onglets est :
"**Ctrl**"(Control) +"**Tab**"(tabulation).

Fermer un onglet

- ***A l'aide de la souris***

Pour fermer un des onglets ouvert, vous devez cliquer sur la croix qui se trouve en haut à droite de l'onglet que vous souhaitez fermé.

- ***Le raccourci***

La combinaison de touches du clavier est "**Ctrl**" + "**W**" : maintenez enfoncée la touche **Ctrl** et appuyez sur la touche **W**.

Désactiver la navigation par onglets

- ***Comment désactiver la navigation par onglet***

Si vous ne souhaitez pas utiliser la navigation par onglets, vous pouvez désactiver cette fonctionnalité d'Internet Explorer 7.

- Pour ce faire rendez vous dans le menu "**Outils**", cliquez sur "**Options**

Internet", puis cliquez sur le bouton "**Paramètres**" de la section onglet.

- Décochez la case "**Activer la navigation par onglets**".

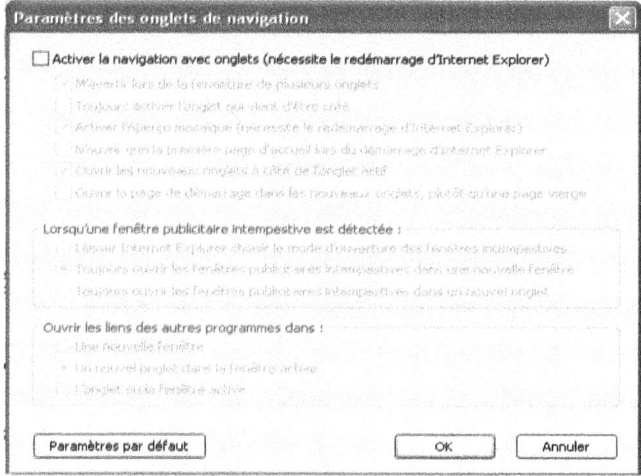

- Cliquez sur "**Ok**"
- Redémarrez Internet Explorer 7

La mosaïque

Le principe de fonctionnement de la mosaïque

La mosaïque ("**Quick tabs**") affiche dans un onglet unique une miniature de tous les onglets ouverts. Cet aperçu vous offre la possibilité de visualiser en un clin d'oeil tous les onglets ouverts, de passer de l'un à l'autre ou encore de fermer un ou plusieurs onglets.

Comment afficher la mosaïque

- Pour afficher la mosaïque, cliquez sur le bouton représentant plusieurs onglets, il est situé à gauche de la barre des onglets.

- S'affiche alors la mosaïque des onglets ouverts :

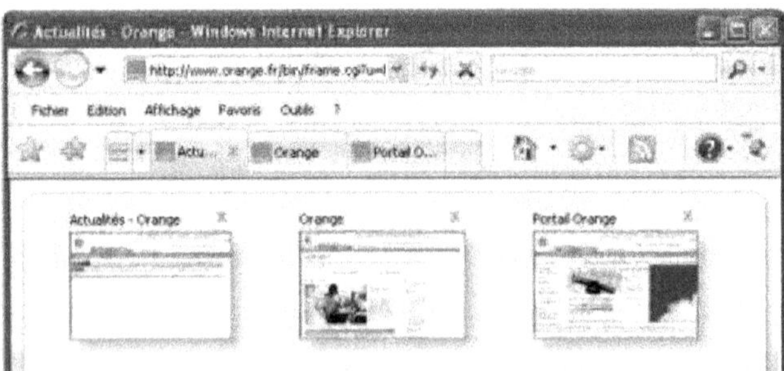

- Vous pouvez naviguer parmi les onglets ouverts en cliquant sur l'onglet ouvert de votre choix.
- Pour fermer un onglet, cliquez sur la croix placée en haut à droite de chaque miniature.

Afficher la barre de menus d'internet explorer 7

Le navigateur Internet Explorer 7 possède une barre de menus mais celle-ci, par défaut, n'est pas affichée.

Comment afficher la barre des menus

Ouvrez votre logiciel de navigation Internet Explorer 7, Cliquez sur le bouton '**Outils**' localisé en haut à droite de votre navigateur. Sélectionnez ensuite '**Barre de menus**'.

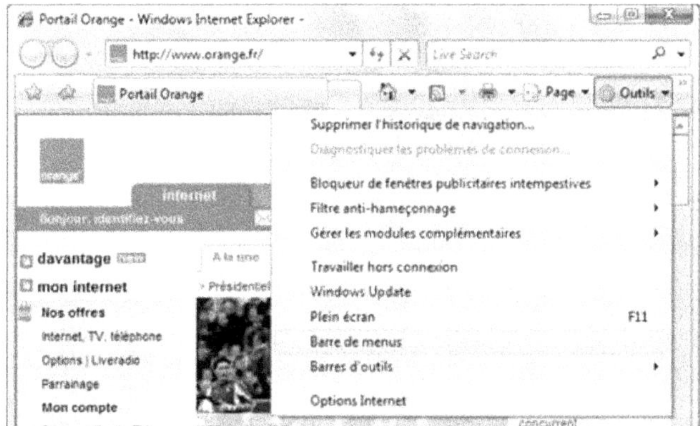

La barre de menus apparaît maintenant dans votre navigateur Internet Explorer 7.

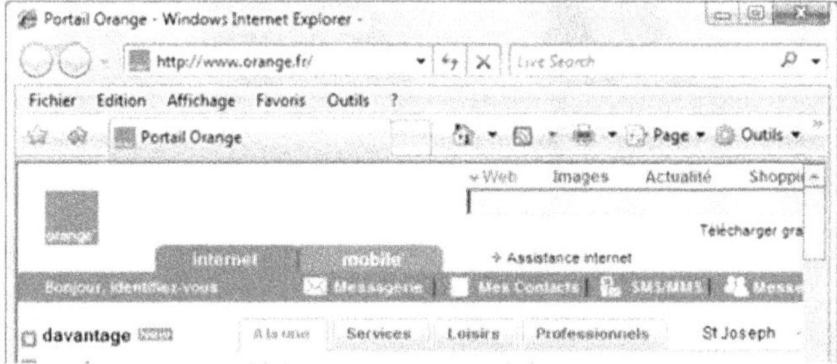

La barre de menus n'apparaît pas par défaut.

Vous pouvez cependant choisir de l'afficher de façon permanente ou de façon temporaire. Vous pouvez afficher ou masquer rapidement la barre de menus d'Internet Explorer 7 en utilisant la touche **Alt** de votre clavier.

Les options d'internet explorer 7

Internet Explorer 7 est le logiciel de navigation de Microsoft, successeur d'Internet Explorer 6. De nouvelles fonctionnalités en matière de sécurité et de confidentialité vous permettent de naviguer sur Internet en toute sécurité. Nous vous proposons de découvrir toutes ces fonctionnalités dans les développements qui suivent.

Accéder aux fonctionnalités d'Internet Explorer 7

Ouvrez votre logiciel de navigation Internet Explorer 7, Cliquez sur le bouton ' **Outils** ' localisé en haut à droite de votre navigateur. Sélectionnez ' **Options Internet**'.

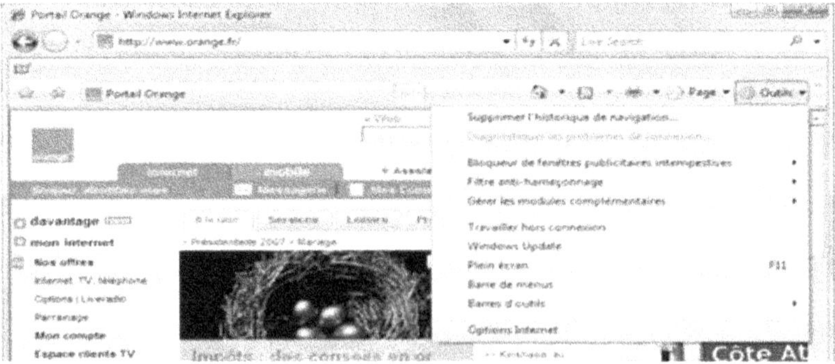

La fenêtre des options d'Internet Explorer 7 s'affiche.

Dans la partie haute de la fenêtre se trouvent différentes catégories représentées par des onglets :

- **Général** : cette catégorie permet de configurer votre page d'accueil, la présentation des pages Web.

Elle permet également de supprimer les fichiers temporaires, l'historique, les cookies, vos mots de passe enregistrés et vos données de formulaires Web. En savoir plus

- **Sécurité** : c'est la catégorie dans laquelle vous pouvez modifier ou afficher les paramètres de sécurité pour les différents sites prédéfinis (Internet, Intranet local, Sites de confiance et Sites sensibles).

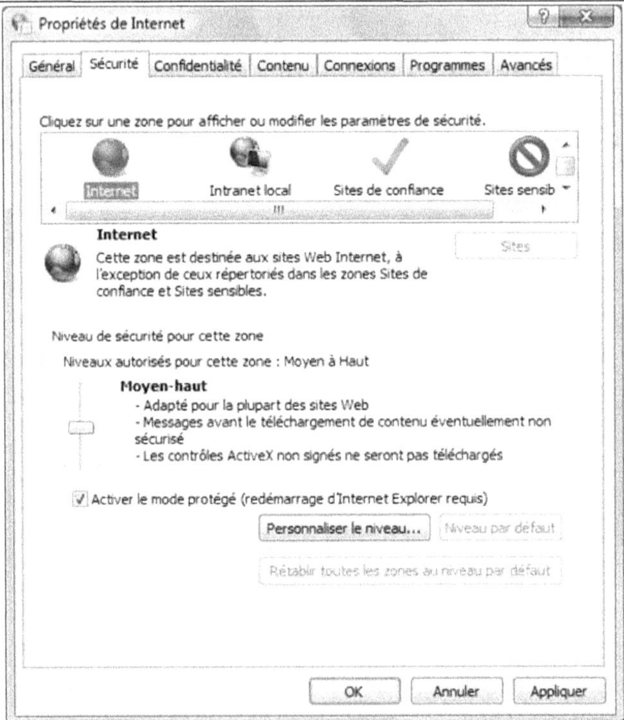

- **Confidentialité** : cet onglet vous permet de sélectionner le niveau de gestion des cookies des sites Web, mais également d'activer ou désactiver le bloqueur de fenêtres publicitaires intempestives. Ce dernier est un moyen d'éviter l'installation de logiciels malveillants.

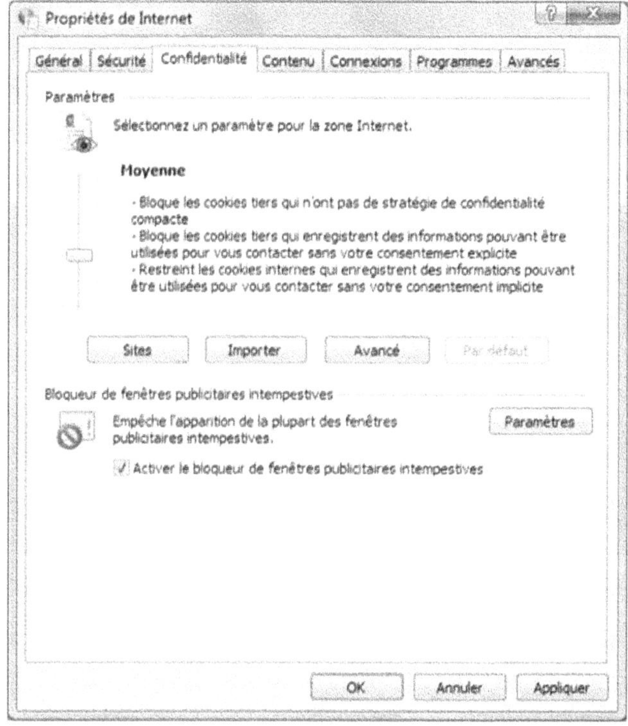

- **Contenu** : cette catégorie regroupe les fonctionnalités suivantes :
    - **Contrôle Parental** : vous pouvez spécifier les sites Web que vos enfants peuvent visiter.
    - **Contrôle d'accès** : vous pouvez définir les heures auxquelles vos enfants peuvent utiliser l'ordinateur, les types de jeux auxquels ils peuvent jouer, les sites Web et les programmes qu'ils peuvent utiliser.
    - **Certificats** : Ils servent à vérifier l'identité d'une personne ou d'un périphérique, à authentifier un service ou à chiffrer des fichiers. Les certificats sont utilisés par exemple lors de la déclaration d'impôts en ligne.
    - **Saisie semi-automatique** : cette option propose des suggestions lorsque vous écrivez une adresse électronique, une adresse URL et des noms de fichiers.

- **Flux** : également nommés flux RSS, les flux contiennent des informations régulièrement mises à jour et publiées par les sites Web que vous visitez

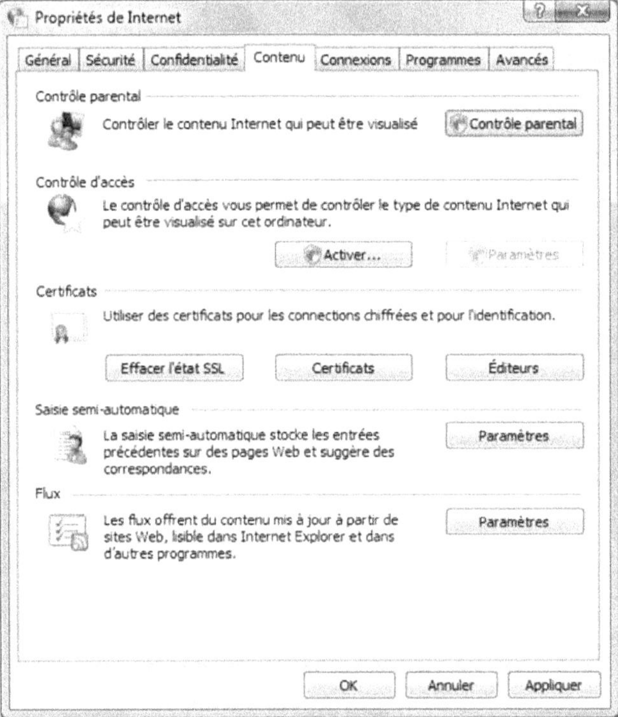

- **Connexions** : cette rubrique permet de configurer et de sélectionner une connexion à Internet mais également de paramétrer un serveur Proxy si vous en avez besoin. Un usage « classique » et personnel d'Internet ne requiert généralement pas de Proxy.

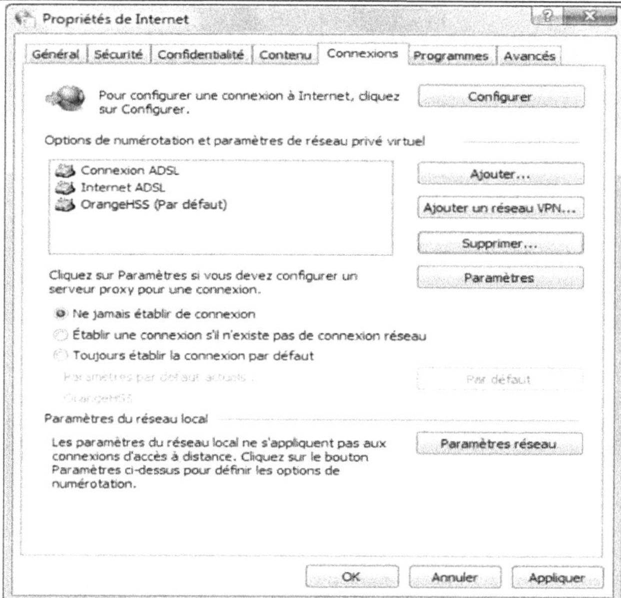

- **Programmes** : cette catégorie permet de définir le logiciel Internet Explorer 7 comme navigateur par défaut. Il permet également d'accéder au gestionnaire des modules complémentaires et de choisir d'autres programmes par défaut à lancer dans certains cas, comme par exemple la lecture de votre courrier électronique.

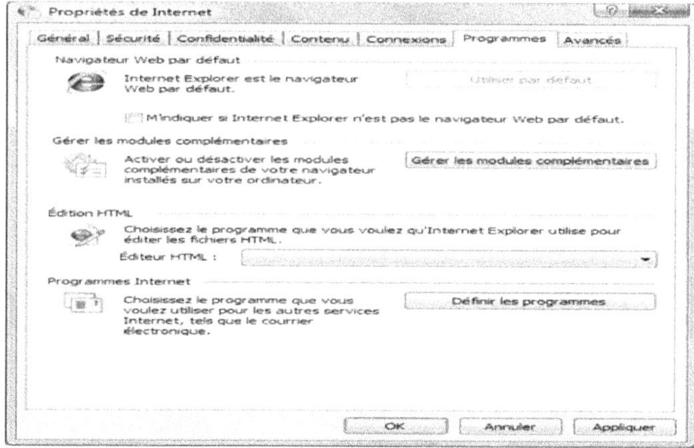

- **Avancés** : cet onglet permet de modifier certaines des options du navigateur, comme par exemple l'affichage des images, l'utilisation de certains protocoles de sécurité. Il est possible de réinitialiser les paramètres par défaut à tout moment.

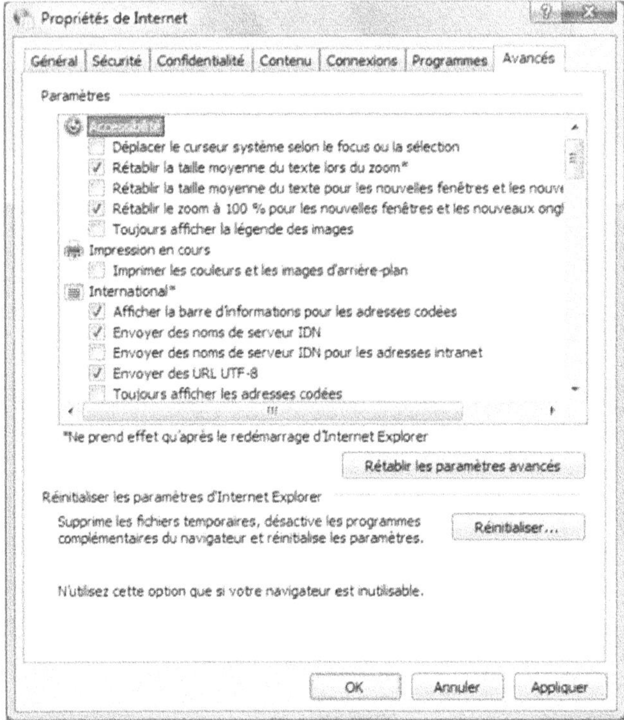

Les options d'Internet vous permettent de vous approprier le navigateur en modifiant tout ou partie de ses paramètres.

Comment fermer votre boite ?

Pour fermer votre boite e-mail cliquer sur déconnexion en haut de la page, et ensuite cliquer sur le croix rouge situé au coin supérieur droit de votre petit écran pour le fermer totalement la page.

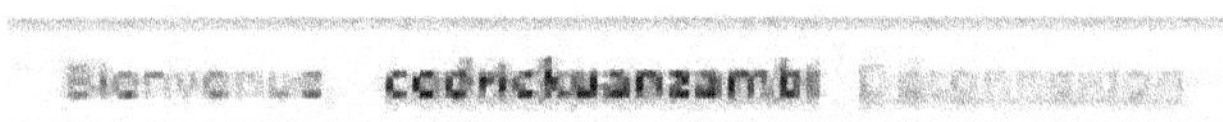

Récupérer quelles données depuis un site internet ?

Des textes simples (TXT)

Comment ?

Simple sauvegarde en format TXT (avec le menu Fichier du navigateur)

Pour quoi faire ?

L'impression est plus rapide (il n'y a pas de mise en forme) intégration rapide dans un traitement de texte pour mise en forme personnalisée.

Des textes HTML

Comment ?

Simple sauvegarde en format HTML (menu *Fichier* du navigateur). **Rem :** le niveau de profondeur est alors de 0, c'est-à-dire que les liens vers d'autres sites ne sont pas opérationnels.

Pour quoi faire ?

Intégration dans un traitement de texte reconnaissant le format (par exemple, avec *WORDIA* sous *WINWORD*) pour mettre en forme.

Utilisation hors ligne d'une page intéressante.

Des images

Comment ?

Capture simple de l'image (touche Imp écran) et récupération via le presse papier dans un logiciel (traitement de texte ou traitement d'image...) Cliquer sur l'image (Bouton droit) et enregistrer le fichier graphique (format GIF ou JPG le plus souvent).

Pour quoi faire ?

Impression pour faire un transparent ou un document à photocopier. Conserver le fichier obtenu et se servir de l'ordinateur comme un projecteur de diapositives

Des hypermédias

Comment ?

Utiliser un «aspirateur», logiciel permettant de capturer un page et celles qui y sont reliées : nécessité alors de définir la profondeur des liens (niveau 1, 2...) **Problème majeur :** fichier de grande dimension, à télécharger ou capturer aux moments les moins onéreux

Pour quoi faire ?

Utiliser un navigateur hors ligne : on a ainsi accès à un site complet d'Internet sans les temps d'attente et les coûts de connexion du réseau.

QUESTIONS SUR INTERNET

Internet, c'est lent...

Cela dépend en grande partie du trafic, donc des horaires de connexion et du lieu où l'on veut accéder. Les lignes étant très fréquentées par les américains, il est préférable de se connecter le matin, avant qu'ils ne se réveillent, ou le dimanche... La vitesse dépend aussi de la vitesse du modem, du port série de votre ordinateur, du fournisseur d'accès (bande passante, nombre de modems, nombre d'utilisateurs simultanés).

Internet, c'est cher...

Pour un particulier, si l'on possède déjà un ordinateur, il suffit d'un modem (50$ environ). L'abonnement est à environ, un coût d'entrée est quelques fois demandé. Il faut ajouter la communication téléphonique jusqu'au fournisseur. Les réductions en fonction des tranches horaires s'appliquent. Une fois le matériel et l'abonnement pris, le coût d'un E-mail est souvent inférieur à celui d'un courrier ou d'un fax. Si l'on consulte des heures le Web, cela peut revenir cher.

Internet est très anglo-saxon...

Les logiciels sont souvent en anglais, les messages d'erreurs aussi. Il existe des sites Web, des groupes de discussions et quelques outils de recherche en français, mais la grande majorité est en anglais.

Il est difficile d'y trouver une information...

Il existe des outils pour effectuer des recherches à partir de mots-clés, mais ces outils de recherche demandent un peu d'habitude, ne sont pas exhaustifs, et utilisent souvent un vocabulaire anglais.

Tout le monde peut mettre de l'information sur Internet...

On peut mettre gratuitement (ou presque: prix de la communication) de l'information dans les News (groupes de discussions thématiques), et parfois quelques pages Web si votre fournisseur le propose. Sinon, avoir un serveur Web ou le faire héberger n'est pas à portée de toutes les bourses...

Les informations ne sont pas fiables...

Cela dépend des informations et du sérieux de ceux qui les mettent. Il faut effectivement être vigilant et vérifier la source des informations. Le risque de désinformation existe, comme dans tout média.

Les informations trouvées dépendent du fournisseur d'accès...

Chaque fournisseur d'accès peut trier les groupes de News auxquels on peut accéder, et censurer un type d'informations sur le Web.

La censure n'existe pas...

Les lois de chaque pays s'appliquent en théorie (en France, par exemple, il est interdit de diffuser des propos racistes), mais l'information sur Internet franchit les frontières avec facilité. Les fournisseurs d'accès peuvent interdire l'accès à certains types d'informations (pornographie, révisionnisme...). L'utilisateur peut installer un logiciel qui empêche l'accès aux sites contenant certains mots-clés.

Les informations appartiennent à tout le monde, on peut tout utiliser...

Le droit d'auteur s'applique à Internet. Vous êtes en infraction si vous réutilisez une image qui ne vous appartient pas et dont le propriétaire n'a pas autorisé la reproduction. Les logiciels à contribution (sharewares) téléchargés doivent être payés à leurs auteurs.

Principaux problèmes d'internet

Problèmes techniques

1. pénurie d'adresses IP en théorie, limite inexistante (4 milliards de machines potentielles!) mais en réalité nécessaire passage d'un codage de 32 bits à 128 bits
2. rançon du succès et des innovations: chute des performances (lenteur surtout des transmissions ou saturation des accès) notion de **World Wide Wait**
   - trop d'utilisateurs et souvent au même moment (heures de pointe)
   - trop de services

- trop de multimédia (images et sons encombrants en mémoire et temps de transferts)

Quelles solutions ?

- augmenter les services payants pour disposer de plus de moyens d'investissements ;
- multiplication des infrastructures (lignes, routeurs, MODEM...)
- utilisation de procédés plus rapides: câbles, satellites, RNIS...
- multiplication des sites miroirs pour limiter les transferts longue distance
- systématisation et amélioration des compressions de données
- régulariser les accès en jouant sur les tarifs, pour limiter les heures de pointe...
- développer de nouveaux protocoles IP pour transferts plus rapides
- créations d'un réseau à plusieurs vitesses: inégalité, fin de la philosophie égalitaire initiale...

Problèmes culturels et philosophiques

1. « pollution » des forums par des utilisateurs peu avertis ou peu scrupuleux ou mal intentionnés
2. domination de l'anglo-saxon au détriment des autres langues
3. uniformisation ? diffusion massive des idéaux US et de l'American Way Of life ? impérialisme ?

Quelles solutions ?

- développer l'éthique Internet, la « netiquette »
- développement de sites ou forums contrôlés, protégés, sélectionnés... pour conserver qualité et efficacité: ce qui est contraire au libéralisme initial: censure en hausse ?!
- développer les sites non-US et/ou alternatifs: défendre son patrimoine culturel...
- encourager le bilinguisme...

En fait Internet permet à n'importe quel groupe minoritaire ou marginal de s'exprimer: au lieu d'uniformisation, on permet au contraire un renforcement du pluralisme...

Principales Abréviations Utilisées Sur Internet

Les abréviations de pays

Une adresse Internet est composée de différents domaines. Le domaine situé le plus à droite correspond au domaine le plus large, en général, l'abréviation du nom d'un pays (exemple : sancerre.ac-idf.jussieu.fr).

Voici quelques exemples :

ae	Emirats Arabes	**fr**	France	**no**	Norvège
af	Afghanistan	**gb**	Grande Bretagne	**nz**	Nouvelle Zélande
ar	Argentine	**gr**	Grèce	**pa**	Panama
at	Autriche	**gu**	Guam	**ph**	Philippines
au	Australie	**hk**	Hong-Kong	**pl**	Pologne
be	Belgique	**hr**	Croatie	**pt**	Portugal
bh	Bahrein	**hu**	Hongrie	**ro**	Roumanie
br	Brésil	**id**	Indonésie	**ru**	Russie
ca	Canada	**ie**	Irlande	**se**	Suède
ch	Suisse	**il**	Israël	**sg**	Singapour
cl	Chili	**in**	Inde	**si**	Slovénie
cn	Chine	**is**	Islande	**sk**	Slovaquie
co	Colombie	**it**	Italie	**su**	Russie
cr	Costa Rica	**jm**	Jamaïque	**th**	Thaïlande
cy	Chypre	**jp**	Japon	**tr**	Turquie
cz	République Tchèque	**kr**	Corée du Sud	**tw**	Taiwan

de	Allemagne		**kw**	Koweït		**ua**	Ukraine
dk	Dannemark		**lt**	Lituanie		**uk**	Royaume-Uni
do	République Dominicaine		**lu**	Luxembourg		**us**	Etats-Unis
dz	Algérie		**lv**	Lettonie		**uy**	Uruguay
ec	Equateur		**mx**	Mexique		**ve**	Vénézuela
ee	Estonie		**my**	Malaisie		**za**	Afrique du Sud
es	Espagne		**ne**	Pays-Bas			
fi	Finlande		**nl**	Pays-Bas			

Les abréviations de type d'organisation

Pour les adresses aux États-Unis, le dernier domaine (ou « top-domain ») représente l'abréviation d'un type d'organisme et non pas le pays.

com	organisme commercial (USA Commercial)
edu	université ou établissement du secondaire américain (USA Educational)
gov	organisme gouvernemental américain (USA Government)
mil	organisme militaire américain (USA Military)
org	organisation non gouvernementale américaine (Non-Profit Making Organisation)
net	infrastructure du réseau Internet aux USA (Network)

Les abréviations des NewGroups

A l'inverse des adresses Internet, les noms de newsgroups vont du plus général au plus spécifique.

alt	alternatives
bionet	biologie
biz	business: affaires, commerce, publicité

comp	computer: ordinateur, informatique
misc	miscellaneous: divers
news	relatif aux newsgroups, à leur fonctionnement, leur administration
rec	recreational: jeux, sports, loisirs, divertissements
sci	science: thèmes scientifiques.
soc	society: sociétés et cultures.
talk	débats, discussions sur la politique, la philosophie, la religion, etc.

LE MOTEURS DE RECHERCHES

Moteurs plus Catalogue ou Guide pour les recherches en générales et scientifique en particulier.

- Yahoo France : http://www.yahoo.fr
- Google : http://www.google.fr
- Lokace : http://www.lokace.com
- Francité : http://www.i3d.qc.ca
- Nomade : http://www.nomade.fr
- Infoseek : http://www.infoseek.com
- Excite : http://www.excite.com
- Lycos : http://www.fr.lycos.de
- WebCrawler : http://www.webcrawler.com
- AltaVista anglais : http://www.altavista.digital.com
- AltaVista français : http://www.altavista.telia.com

« Méta » ou Multi-Moteurs

- All 4 One : http://all4one.com/index.phtml
- MetaCrawler : http://www.metacrawler.com

CREER SON SITE SUR INTERNET

1. *Préparer son projet*

1. Cahier des charges
2. Scénario
3. création de l'arborescence
    1. sur papier
    2. avec logiciel: p. ex., créer des pages vides sous *FrontPage*

2. *Créer-rechercher-regrouper-ses documents*

1. répertoire des textes
2. répertoire des images: plutôt GIF ou JPEG compressés
3. répertoire des sons: plutôt MIDI
4. répertoires des vidéos: plutôt GIF animés

3. *Créer son site sur son ordinateur*

1. « lier » les pages
2. éventuellement insérer des utilitaires
3. compteur, animations...: par exemple à chercher sur le net: http://reallybig.com
4. tester son site, vérifier les liens, l'affichage...

4. *Transférer son site sur un serveur*

1. choisir son serveur:
    - son fournisseur d'accès (en général 1 ou 2 Mo)
    - un serveur hébergeant gratuitement: http://chez.com, http://mygale.org... (de 2 à 10 Mo)

utiliser un utilitaire, FTP de préférence, pour le transfert.

Tester son site « en réel » avec différents butineurs

Se faire connaître, référencer...

- utiliser des mots clés et les mettre en valeur
- s'adresser directement à un moteur de recherches = « soumettre un site »
- utiliser des services de référencement: ex. http://Submitit.com.

Respectez la netiquette

Respecter la Netiquette, je veux bien... mais qu'est-ce que la Netiquette ?
Hé bien la Netiquette, c'est l'association des mots *Net* et *éthique*. La Netiquette, c'est donc l'éthique de l'Internet. Les règles énoncées dans la Netiquette ne sont jamais impératives, mais il est souhaitable de les suivre si l'on ne veut pas se faire mal voir sur Internet. Voici un bref aperçu de quelques règles simples. Notez que les règles peuvent parfois varier d'un canal à un autre : selon le but des personnes qui gèrent le canal, celui-ci sera plus ou moins restrictif.

Ainsi, un canal réservé à des discussions médicales sera intransigeant avec le sujet abordé, alors que certains canaux sont là uniquement dans un but d'amusement. Mais même dans ce cas, il est préférable de respecter les autres afin que cela ne devienne pas rapidement ennuyeux pour tous y compris pour vous-même.

Sur le Web, pour vos pages

- Evitez de mettre des images de taille importante dans vos pages. En effet, plus vos pages seront "lourdes" en taille, et plus il faudra de temps pour les charger. De nombreuses personnes risquent d'abandonner avant même d'avoir vu vos pages si celles-ci sont trop lourdes.
- Toujours pour les images, pensez à utiliser l'option ALT dans la commande IMG : par exemple *<IMG ALT="logo" SRC="http://...">*. Cette option permet d'afficher un texte pour les personnes qui accèdent à vos pages sans charger les images. Ainsi, elles auront si l'image peut être importante ou non.

Dans votre courrier électronique (e-mail)

- Evitez de vous enflammer inutilement, surtout si vos propos peuvent être lus par de nombreuses personnes sur des Mailing Liste (comme celle de Mygale par exemple). Parfois, les propos de certains sont involontairement blessants car ces personnes n'ont pas forcément la même façon de s'exprimer que vous. Si vous estimez que les propos d'une personne sont blessants ou inadaptés;, écrivez lui plutôt en privé et surtout, pensez à être tolérant.
- Evitez les accents dans vos mails, que ce soit dans le champ sujet ou dans le message lui-même.
- Pensez à mettre un sujet (champ *subject*). En effet, ce champ est ce qui est lu en premier par votre destinataire, et qui lui permet d'identifier votre message. Si il s'agit d'une réponse à un mail précédent, pensez à mettre *Re:* devant le sujet (en général, votre logiciel le fait automatiquement si vous utilisez l'option servant à répondre).
- Evitez de mettre une signature trop longue. Un maximum de 5 ou 6 lignes est souhaité : votre signature n'est pas un CV. Elle est juste censée renseigner vos correspondants sur quelques points importants. De plus, sur la première ligne de votre signature, de préférence, mettez juste **--** (2 traits d'union, --> --sans rien d'autre). Cela permet de bien séparer votre --> --signature du reste du mail.

Sur IRC

IRC est un lieu de discussion en directe, ou de nombreux utilisateurs peuvent se retrouver pour discuter soit sur un thème précis, soit sur un sujet libre. Discuter sur IRC, de même que dans une réunion non virtuelle, nécessite un minimum de savoir-vivre de la part des utilisateurs, afin que tout se passe pour le mieux ... Pour éviter de nuire aux autres, essayez de respecter les quelques éléments ci-dessous. Le respect de quelques règles n'empêche pas humour, plaisir et même souvent franche rigolade (voir « éclats de rires »).

Les quelques règles (rien d'impératif, mais merci de les respecter) :

- Respectez les règles de bienséance : saluez à votre arrivée et à votre départ.
- Evitez l'utilisation de scripts à répétition.
- Vous pouvez utiliser quelques couleurs, mais faites en sorte que chacun de vos messages ne ressemblent pas à une mosaïque.
- Ne *floodez* pas : autrement dit, n'envoyez pas trop de texte en un temps trop court. D'une part, les autres ont du mal à suivre, d'autre part cela peut provoquer des déconnections, y compris les vôtres.

Sur les forums de discussion (News)

- **Être Rigoureux** : (= Être bien dans le thème du forum et ne pas répéter des questions déjà posées)
  - ce qui suppose lire de nombreux articles avant d'en écrire
  - et connaître les FAQ (Fréquent Asked Questions ou Foire Aux Questions)
  - ou les archives des newsgroups

- ***Respecter la forme des articles de Usenet***

  - toujours signer un article (références de l'expéditeur: mèl, téléphone, adresse postale)
  - traiter un thème précis et clair par article
  - toujours indiquer ce thème dans le sujet (subject) de manière concise (moins de 40 caractères)
  - donner un titre court et explicatif
  - utiliser le moins possible les majuscules, l'HTML...

- ***Respecter le destinataire (les destinaires) :***

    - pas de grossièreté
    - orthographe vérifiée
    - question bien formulée, sans jeux de mots inutiles...

- ***Respecter celui que vous citez :***

    - toujours indiquer ses sources
    - faire précéder les citations d'un symbole approprié (>)

- ***Ne pas encombrer inutilement le réseau :***

    - signature courte: pas plus de 4 lignes
    - article court, concis
    - ne reproduire que les passages essentiels dans une citation
    - ne répondre publiquement qu'à des messages généraux, sinon utiliser systématiquement les messages individuels
    - ne pas envoyer plusieurs fois le même message
    - n'utiliser que rarement le cross-posting (envois simultanés à plusieurs forums) et pour au maximum 3 à 4 forums
    - faire des tests uniquement dans les forums appropriés, par exemple fr.test

- ***Respecter l'aspect non marchand du réseau :***

    - n'utiliser pas de messages publicitaires sauf dans les biz ne faites pas de promotion de produits sauf dans les biz.

CONSEIL :

Si vous êtes devant un ordinateur pour faire quoi que ce soit, il faut avoir une **présence d'esprit** et **savoir lire**, car en regardant ou en pointant, vous pouvez directement retrouver l'élément que vous cherchiez et vous en sortir très facilement. A bon entendeur, salut !

Table des matières

www.ingramcontent.com/pod-product-compliance
Lightning Source LLC
LaVergne TN
LVHW042346060326
832902LV00006B/430
9786131596704